AF239901

Patrick Karpa

Human Resource Management im Krankenhaus

Wirkungen der Personalführung auf das Pflegepersonal

Karpa, Patrick: Human Resource Management im Krankenhaus. Wirkungen der Personalführung auf das Pflegepersonal, Hamburg, Igel Verlag RWS 2018

Buch-ISBN: 978-3-95485-364-9
PDF-eBook-ISBN: 978-3-95485-864-4
Druck/Herstellung: Igel Verlag RWS, Hamburg, 2018

Bibliografische Information der Deutschen Nationalbibliothek:
Die Deutsche Nationalbibliothek verzeichnet diese Publikation in der Deutschen Nationalbibliografie; detaillierte bibliografische Daten sind im Internet über http://dnb.d-nb.de abrufbar.

Inhaltsverzeichnis

Abbildungsverzeichnis 8

Tabellenverzeichnis 9

Abkürzungsverzeichnis 10

Vorwort 11

1 Einleitung 13

    1.1   Ausgangslage und Hintergrund.. 13

    1.2   Fragestellung und Zielsetzung 15

    1.3   Inhaltliche Abgrenzung und methodisches Vorgehen 16

2 Definitionen und Begriffsklärungen 19

    2.1   Human Resource Management 19

    2.2   Zum Begriff der Führung.. 24

    2.3   Führungserfolg.. 25

    2.4   Zum Verständnis menschlicher Arbeit 27

        2.4.1   Job Characteristics Modell nach Hackman und Oldham 28

        2.4.2   Job Demands-Resources Modell nach Bakker......................... 29

3 Rahmenbedingungen des Unternehmens Krankenhaus............. 31

    3.1   Demographische Entwicklung als Einflussfaktor......................... 31

    3.2   Fachkräftemangel im Krankenhaus 33

    3.3   Die Bedeutung der Diversität.. 35

    3.4   Wirtschaftliche und gesetzliche Rahmenbedingungen 35

    3.5   Gesellschaftlicher Wertewandel und dessen Folgen...................... 37

4 Theoretische Grundlagen der Personalführung....................... 39

    4.1   Personalführungstheorien 39

        4.1.1   Eigenschaftstheorie - „Big Five" nach McCrea und Costa 40

        4.1.2   Verhaltensorientierte Ansatz - Die Führungsstile nach K. Lewin 41

        4.1.3   Verhaltensorientierter Ansatz - Führungsstile nach M. Weber................ 44

4.1.4 Verhaltensorientierter Ansatz - Kontinuum nach Tannenbaum/ Schmidt 45

4.1.5 Verhaltensorientierter Ansatz - Verhaltensgitter nach Blake/ Mouton 47

4.1.6 Transaktionale und transformationale Führung 48

4.1.7 Kontingenzansatz - 3-D-Theorie nach W.J. Reddin 49

4.1.8 Rollentheoretischer Ansatz - Die Führungsrollen 51

4.2 Macht und Vertrauen in Unternehmen 53

4.2.1 Die Rolle der Macht bei der Personalführung 53

4.2.2 Die Rolle des Vertrauens bei der Personalführung 55

4.3 Aufgaben und Ziele der Personalführung 56

4.4 Das Verständnis über das Führungsdilemma 57

4.5 Prinzipielle Erklärungsansätze des Mitarbeiterverhaltens 58

4.5.1 Menschenbilder nach Schein 59

4.5.2 X-Y Theorie nach McGregor 62

4.5.3 S-O-R-Modell 63

4.6 Die Bedeutung der ethischen Dimension bei der Personalführung 63

5 Arbeitsmotivation, Arbeitszufriedenheit und Motive in der Unternehmenspsychologie 67

5.1 Inhaltstheorien der Motivation 68

5.1.1 Bedürfnispyramide nach Maslow 68

5.1.2 ERG-Theorie nach Alderfer 69

5.1.3 Zweifaktoren-Theorie nach Herzberg 70

5.1.4 Bedürfnisarten nach McClelland 71

5.2 Prozesstheorien der Motivation 73

5.2.1 VIE-Theorie nach Vroom 73

5.2.2 Motivationsmodell nach Porter/ Lawler 74

5.2.3 Zielsetzungstheorie nach Locke 75

6 Management-by Führungstechniken ... **77**

6.1 Management by Objectives (MbO) ... 77

6.2 Management by Exceptions (MbE) ... 79

7 Wirkungen der Personalführung auf das Pflegepersonal ... **81**

7.1 Arbeitszufriedenheit und Leistungsverhalten ... 81

7.2 Motivation ... 84

7.3 Mitarbeiterbindung und Fluktuation ... 87

7.4 Gesundheit der Mitarbeiter ... 89

8 Zusammenfassung ... **92**

9 Fazit und Ausblick ... **100**

10 Literaturverzeichnis ... **102**

Abbildungsverzeichnis

Abbildung 1: Rahmenmodell des Human Resource Management (Darstellung Rowold)... 21

Abbildung 2: Rahmenmodell der Führung nach Nerdinger (2012)............................. 26

Abbildung 3: Job Characteristics Modell nach Hackman und Oldham (1980)............ 29

Abbildung 4: Altersstruktur der Bevölkerung 2013 und 2060 im Vergleich - in Mio. (in %).. 32

Abbildung 5: Übersicht der Führungstheorien (eigene Darstellung)........................... 39

Abbildung 6: Führungsstilkontinuum nach Tannenbaum und Schmidt 46

Abbildung 7: Managerial grid (Verhaltensgitter) nach Blake und Mouton................. 47

Abbildung 8: Transaktionale und Transformationale Führung nach Bass/ Aviolio (1994).. 49

Abbildung 9: 3-D-Modell nach Reddin 51

Abbildung 10: Determinanten und Dimensionen der "dunklen" Seite der Führung nach von Oelsnitz/ Weibler (eigene Darstellung)................................... 65

Abbildung 11: Bedürfnispyramide nach Maslow (eigene Darstellung) 68

Abbildung 12: ERG-Theorie nach Alderfer (eigene Darstellung)................................. 70

Abbildung 13: Zweifaktoren-Theorie nach Herzberg (eigene Darstellung).................. 71

Abbildung 14: Theorie nach McClelland (eigene Darstellung)..................................... 72

Abbildung 15: Zusammenhänge der VIE-Theorie nach Vroom (eigene Darstellung)... 74

Abbildung 16: Motivationsmodell nach Porter/ Lawler 75

Abbildung 17: Management by Objectives nach Odiorne (1967) 78

Tabellenverzeichnis

Tabelle 1: Überblick der Generationen und dessen typische Wertvorstellungen (eigene Darstellung) ... 38

Tabelle 2: "Big Five" Persönlichkeitsmerkmale einer Führungskraft nach McCrea und Costa (eigene Darstellung) ... 41

Tabelle 3: Führungsstile nach Weber (eigene Darstellung) ... 45

Tabelle 4: Führungsrollen nach Mintzberg (eigene Darstellung) ... 52

Tabelle 5 Dilemmata der Führung nach Blessin & Wick (eigene Darstellung) ... 58

Tabelle 6: Theorien X und Y nach McGregor (eigene Darstellung) ... 62

Tabelle 7: Begünstigende Faktoren/ Persönlichkeitsmerkmale für unethisches Führungshandeln (eigene Darstellung) ... 66

Tabelle 8: Auswahl an Management-by Techniken (eigene Darstellung) ... 77

Tabelle 9: Unterstützungsmöglichkeiten der Führungskraft bei der Bedürfnisbefriedigung der Mitarbeiter nach Knoblauch 2004 (eigene Darstellung) ... 84

Tabelle 10: Handlungsmaxime zur Förderung der Mitarbeiterzufriedenheit in Bezug auf Mitarbeiterbindung nach Meifert (eigene Darstellung) ... 88

Abkürzungsverzeichnis

BAuA	Bundesanstalt für Arbeitsschutz und Arbeitsmedizin
BIBB	Bundesinstitut für Berufsbildung
COPSOQ	Copenhagen Psychosocial Questionnaire
DKG	Deutsche Krankenhaus Gesellschaft
DKI	Deutsches Krankenhaus Institut
DRG	Diagnosis Related Groups
EZB	Elektronische Zeitschriftendatenbank
HRM	Human Resource Management
IAB	Institut für Arbeitsmarkt- und Berufsforschung der Bundesagentur für Arbeit
KHEntG	Krankenhausentgeltgesetz
KHG	Krankenhausfinanzierungsgesetz
MbE	Management by Exceptions
MbO	Management by Objectives
MVZ	Medizinisches Versorgungszentrum
PWC	PricewaterhouseCoopers
SGB	Sozialgesetzbuch
SLUB	Sächsische Landesbibliothek - Staats- und Universitäts- bibliothek
WiFor	Wirtschaftsforschungsinstitut

Vorwort

Ein großer Dank gilt vor allem meinen Eltern, Großeltern und meinem Partner, welche mich stets unterstützt und die benötigte Zeit sowie Verständnis entgegengebracht haben. Spezieller Dank gilt Frau Prof. Dr. Dangel für die spätabendlichen Anregungen und die Unterstützung.

Gewidmet ist mein erstes Buch in liebender Erinnerung und tiefer Verbundenheit meiner Großmutter Regina.

Vor Ihnen liegt das Buch mit dem Titel Human Resource Management im Krankenhaus - Auswirkungen der Personalführung auf das Pflegepersonal. Der Verlauf meines Studiums Pflege- und Gesundheitsmanagement, sowie meine Tätigkeit als stellvertretenden Leitung einer neurologischen Intensivstation und Stroke Unit im Jahr 2014 gaben den Anlass, sich der komplexen Thematik Personalführung und dessen Auswirkungen auf das Pflegepersonal zu widmen. Einerseits benötigte ich das Wissen für die Ausführung meiner beruflichen Position, andererseits wurden mir diverse Führungsstile sowie Managementcharaktere und dessen Auswirkungen auf die Mitarbeiter in meiner beruflichen Praxis zu Teil. Retrospektiv betrachtet, hatte das bisherige Führungsverhalten von Vorgesetzten, einen Einfluss auf mein eigenes Arbeitsverhalten bzw. Verhalten als Führungskraft und die Identifikation mit dem Unternehmen. Ich konnte auch gruppendynamische Prozesse sowie Arbeits- und Motivationsverhalten der Mitarbeiter beobachten. So dass meiner Ansicht nach ein unmittelbarer Zusammenhang, zwischen Führungs- und Mitarbeiterverhalten, bestehen könnte. Die Bedeutung der Ressource Mitarbeiter für den nachhaltigen Erfolg bzw. das Bestehen eines Krankenhauses, sowie die Bedeutung der Mitarbeiterzufriedenheit für das Unternehmen wurde mir zunehmend bewusst. Folglich möchte ich mich dieser Thematik in meinem Buch widmen.

Patrick Karpa

Leisnig, 7. März 2018

11

1 Einleitung

1.1 Ausgangslage und Hintergrund

Der gesamte Gesundheitsmarkt, vor allem der Krankenhaussektor, unterliegt ständigen Veränderungen. Zunehmend zeigt sich der Trend der Krankenhäuser zum Wechsel in die private Rechtsform,[1] verstärkt fusionieren Häuser und in Teilbereichen findet ein Outsourcing statt. Die medizintechnische Entwicklung macht die Anpassung von Prozessen und Strukturen im Krankenhaus unwiderruflich erforderlich.[2] Die Mitarbeiter werden älter, der Bedarf an motiviertem und qualifiziertem Pflegepersonal steigt durch Wachstum des Gesundheitsmarktes. Für die Profilierung eines Krankenhauses als attraktiver Arbeitgeber ist die Personalführung von zentraler Bedeutung.[3] Zu den allgemeinen Veränderungen zählen unter anderem steigende Komplexität in den Arbeitsprozessen, zunehmender Konkurrenz- und Kundenorientierungsdruck, Internationalisierung, demographischer Wandel, Wertewandel, steigende Erwartungen seitens der Mitarbeiter und Kunden sowie die „Halbwertzeit" des Wissens.[4] An alle Beteiligten eines Unternehmens werden hohe Anforderungen gestellt.[5] Führungskräfte müssen neben den sogenannten „klassischen" Anforderungen wie beispielsweise fundiertem und aktuellem Fachwissen, Intelligenz, analytisches Denkvermögen, Einsatzbereitschaft sowie Loyalität auch den zukünftigen Anforderungen entsprechen.[6] Die zukünftigen Anforderungen an eine Führungskraft sind unter anderem lebenslanges Lernen, Motivationsfähigkeit, Teamarbeit, Management unter den Aspekten der Diversität, systemisches Denken, Führen durch Krisen und ausgeprägte kommunikative sowie soziale Fähigkeiten.[7]

---

[1] Im Jahr 2014 war jedes dritte Krankenhaus in privatisiert. Im Jahr 1991 lag der Anteil der privaten Krankenhäuser bei 14,8% und im Jahr 2014 bei 35,1%. Der Anteil der Krankenhäuser in öffentlicher Trägerschaft sank im selbigen Zeitraum von 46% auf 29,7%. Die Einrichtungen mit freigemeinnützigem Träger änderten sich nur dezent von 35,2% auf 39,1%. Statistisches Bundesamt (Hrsg.): Fachserie 12 Reihe 6.1.1. Gesundheit. Grunddaten der Krankkenhäuser. 2014. Wiesbaden (Eigenverlag) 2015, S. 8. pdf- Datei: https://www.destatis.de/DE/Publikationen/Thematisch/Gesundheit/Krankenhaeuser/GrunddatenKrankenhaeuser2120 611147004.pdf?__blob=publicationFile. Zugriff am: 27.6.2017.
[2] Naegler, Heinz: Personalmanagement im Krankenhaus. Berlin (MWV) 2014, S. 13-21.
[3] ebenda, S. VII-IX.
[4] von Rosenstiel, Lutz, Erika Regnet und Michel E. Domsch (Hrsg.): Führung von Mitarbeitern. Handbuch für erfolgreiches Personalmanagement. Stuttgart (Schäffer-Poeschel), S. 32-37.
[5] ebenda, S. 29.
[6] ebenda, S. 43.
[7] ebenda, S. 37-43.

Aus der Untersuchung der NEXT-Studie[8] (2005) ging hervor, dass das Verlassen des Berufes der Pflegekräfte eng mit der durch die Mitarbeiter eingeschätzten Führungsqualität korrelierte.[9] Zusätzlich zeigte sich eine positive Korrelation der Personalführungsqualität mit der Bindung und Arbeitszufriedenheit des Personals.[10] Die Zielstellung für Unternehmen im Gesundheitssystem müssen auf Grund der sich stetig ändernden Rahmenbedingungen zunehmend und verstärkt auf Patientenzentriertheit, Effektivität, Effizienz, Sicherheit, Zeitgerechtigkeit und Gleichbehandlung ausgerichtet sein.[11] Ziele eines Unternehmens lassen sich nur mit Hilfe von Mitarbeitern verwirklichen. Somit müssen neben den unternehmerischen ökonomischen Interessen, die individuellen Wünsche der Angestellten berücksichtigt werden.[12] Eine ökonomische Intention ist beispielsweise, dass die Humanressource (Personal) effizient eingesetzt werden muss. Dazu ist ein bestimmtes Mitarbeiterverhalten notwendig z. B. Kooperation, Loyalität, selbstständige Bewältigung von unvorhersehbaren Schwierigkeiten und Arbeitsdisziplin um die Arbeitsleistung eines jeden Mitarbeiters zu steigern.[13] Diese Verhaltensweisen lassen sich nur mit motiviertem, zufriedenem und an das Unternehmen gebundene Personal realisieren. Die Gallup Studie 2016 bestätigte den Einfluss der Führungskraft auf Arbeitszufriedenheit, Motivation und Bindung der Mitarbeiter eines Unternehmens. Im Ergebnis war das Personal wegen mangelndem Führungsverhalten gering emotional ans Unternehmen gebunden, machten Dienst nach Vorschrift und hatten „innerlich" gekündigt.[14]

---

[8] Die NEXT-Studie wurde im Zeitraum von Februar 2002 bis Juni 2005 in mehreren europäischen Ländern parallel durchgeführt. Diese Studie forschte nach den Umständen, Ursachen und Folgen eines vorzeitigen Ausstieg aus dem Pflegeberuf. Insgesamt wurden 78.000 Fragebögen in zehn Ländern an Pflegefachkräfte versandt (davon wurden zirka 40.000 beantwortet). Bundesanstalt für Arbeitsschutz und Arbeitsmedizin (Hrsg.): Berufsausstieg bei Pflegepersonal. Arbeitsbedingungen und beabsichtigter Berufsausstieg bei Pflegepersonal in Deutschland und Europa. Dortmund (Wirtschaftsverlag NW) 2005, S.11. pdf-Datei:
https://www.baua.de/DE/Angebote/Publikationen/Schriftenreihe/Uebersetzungen/Ue15.pdf?__blob=publicationFile& v=8. Zugriff: 5.5.2017.
[9] ebenda, S. 35.
[10] ebenda, S. 36.
[11] Offermanns, Guido: Prozess- und Ressourcensteuerung im Gesundheitssystem. Neue Instrumente zur Steigerung von Effektivität und Effizienz in der Versorgung. Berlin (Springer) 2011, S. 41-45.
[12] Klaus, Hans und Hans J. Schneider: Personalperspektiven. Human Resource Management und Führung im ständigen Wandel. Wiesbaden (Springer Gabler) 2016, S. 2-6.
[13] Lindner-Lohmann, Doris, Florian Lohmann und Uwe Schirmer: Personalmanagement. Berlin (Springer Gabler) 2016, S. 1f.
[14] GALLUP (Hrsg.): Pressemitteilung vom 22. März 2017. Gallup Engagement Index 2016: Schlechte Chefs kosten deutsche Volkswirtschaft bis zu 105 Milliarden Euro jährlich. pdf-Datei: http://www.gallup.de/ 183104/engagement-index-deutschland.aspx. Zugriff: 6.6.2017.

Die „innerliche" Kündigung hat wiederum zur Folge, dass das Personal weniger Verantwortungsbewusstsein, geringere Leistungsbereitschaft, höhere Fluktuationsbereitschaft und weniger Eigeninitiative bei der Arbeit zeigen.[15] Die Gallup Studie aus dem Jahr 2016 zeigt Aktualität und Brisanz der Thematik Personalführung und dessen Einfluss auf die Mitarbeiter. Bezogen auf die humane Ressource verursacht schlechte Personalführung Kosten für den Angestellten (z. B. Demotivation und Unzufriedenheit). Aus Perspektive des Unternehmens kann ungeeignete Führung des Personals das Unternehmenskapital verbrauchen (z. B. Lohnfortzahlungen, Bewerbungsverfahren etc.).

1.2 Fragestellung und Zielsetzung

Oberste Priorität in Unternehmen bezogen auf Motivation, Zufriedenheit und Bindung der Mitarbeiter besitzt die Personalführung, welche jedoch trotz intensiver Forschung weitgehend ungeklärt bleibt und viele Fragen unbeantwortet lässt.[16] Eine großangelegte Studie[17] zur Messung von Führungsqualität und Belastungen am Arbeitsplatz (2004) bewies einen Zusammenhang zwischen Führungsqualität und Arbeitszufriedenheit der Mitarbeiter und verdeutlicht die Bedeutung der Personalführung bezüglich der Auswirkungen auf das Personal.[18] Ausgehend von zahlreichen Veränderungen im Krankenhaussektor und der in der Literatur nicht eindeutig geklärten Frage, welche der ideale Führungsstil ist, stellen sich weitere Fragen. Anliegen dieses Buches ist, die Bedeutung von Personalführung sowie dessen Wirkung auf das Pflegepersonal in einem Krankenhaus darzustellen. Weiterhin sollen wichtige Zusammenhänge aufgezeigt werden, um Interaktionsprozesse zwischen Führungskraft und Mitarbeiter zu verstehen und positiv beeinflussen zu können.

---

[15] GALLUP (Hrsg.): Pressemitteilung vom 22. März 2017. Gallup Engagement Index 2016: Schlechte Chefs kosten deutsche Volkswirtschaft bis zu 105 Milliarden Euro jährlich. pdf-Datei: http://www.gallup.de/ 183104/engagement-index-deutschland.aspx. Zugriff: 6.6.2017.

[16] Scholz, Christian: Personalmanagement. Informationsorientierte und verhaltenstheoretische Grundlagen. München (Vahlen) 2014, S. 893.

[17] Die Studie wurde von der Bundesanstalt für Arbeitsschutz und Arbeitsmedizin (BAuA) in Auftrag gegeben und fand im Zeitraum von Februar bis Oktober 2004 statt. Als Erhebungsinstrument wurde die deutschen Version des COPSOQ Fragebogens (abrufbar unter: https://www.copsoq.de/copsoq-fragebogen/) als validiertes Instrument verwendet. In der Hauptstudie wurden über 2500 Beschäftigte verschiedenster Berufsgruppen bezüglich der Aspekte psychosoziale Faktoren bei der Arbeit (Ursachen) und deren Folgen (Wirkung) befragt. Eine der Skalen im Bereich Belastungen der Mitarbeiter ist die Führungsqualität. Badura, Bernhard, Helmut Schröder, Jochim Klose und Katrin Macco (Hrsg.): Fehlzeiten-Report 2009. Zahlen, Daten, Analysen aus allen Branchen der Wirtschaft. Arbeit und Psyche: Belastungen reduzieren - Wohlbefinden fördern. Berlin (Springer) 2010, S.253ff.

[18] ebenda, S.253-260.

Exemplarisch wird dargestellt, welche Führungsstile, -verhalten und/oder -techniken die geeigneten sein könnten, um Motivation, Arbeitszufriedenheit und Bindung der Mitarbeiter positiv beeinflussen zu können bzw. negative Folgen wie Demotivation, Unzufriedenheit und Fluktuation zu vermeiden. Für die Zielsetzung des Buches sind folgende Fragestellungen leitend:

- In wie weit hat Personalführung Auswirkung auf das Mitarbeiterverhalten?
- Besteht eine Möglichkeit Verhaltensweisen der Mitarbeiter an Hand theoretischer Modelle zu prognostizieren oder zu erklären?
- Existieren geeignete Führungsstile bzw. -instrumente um Demotivation, Fluktuation sowie Unzufriedenheit vorzubeugen?
- Besitzt die Hierarchie eines Krankenhauses einen Einfluss auf die Personalführung und somit auch auf das Pflegepersonal?
- Welche Führungsstile wirken sich im hohen Maße negativ auf das Verhalten des Pflegepersonals aus?
- Beeinflussen Macht und/oder Vertrauen die Personalführung beziehungsweise die Mitarbeiter?
- Ist ein Zusammenhang zwischen Mitarbeiterführung und Organisationskultur erkennbar?

In Anbetracht der Tatsache, dass Führung von Mitarbeitern im permanenten und kontinuierlichen Wandel geschieht und Führungskräfte in Zukunft mit sozialer Komplexität (verschiedene Werte, Normen, Einstellungen und Kulturen der Mitarbeiter) agieren müssen, wird Mitarbeiterführung zunehmend zur Herausforderung.[19] Aus diesem Grund ist eine Auseinandersetzung mit der Wirkung der Personalführung auf das Personal unerlässlich.

1.3   Inhaltliche Abgrenzung und methodisches Vorgehen

Dieses Buch fokussiert auf den Aspekt der Personalführung als Teilbereich des Human Resource Management (Kapitel 2.1 und Abb. 1). Ein weiterer Schwerpunkt ist die Wirkung der Personalführung auf das Pflegepersonal.

---

[19] Klaus, Hans und Hans J. Schneider: Personalperspektiven. Human Resource Management und Führung im ständigen Wandel. Wiesbaden (Springer Gabler) 2016, S. 185.

16

Für das Zusammenhangsverständnis zwischen Personalführung und dem Verhalten bzw. Auswirkung auf das Pflegepersonal werden Themen der Arbeits- und Organisationspsychologie auszugsweise bearbeitet.

Die Literaturrecherche bestand aus der Suche nach Monographien, Herausgeberwerken, Fachzeitschriftenartikeln, Studien, Aufsätzen und grauer Literatur. Die Recherche wurde auf die Jahre 2000 bis 2017 eingegrenzt. Die Einschränkung erfolgte auf Grund der Fülle der vorgefundenen Literatur, zusätzlich haben sich in diesem Zeitraum die Rahmenbedingungen[20] im Krankenhaus geändert. Gesucht wurde nach deutschsprachiger Literatur, da theoretische Modelle aus dem angloamerikanischen Sprachraum hinreichend in der deutschen Literatur vorzufinden sind. Als Suchmaschine fungierte der Katalog Beta der Sächsischen Landesbibliothek - Staats- und Universitätsbibliothek (SLUB) Dresden und die elektronische Zeitschriftenbibliothek (EZB) der SLUB Dresden. Zur Literaturrecherche dienten hauptsächlich die Fachdatenbanken wiso Sozial- und Wirtschaftswissenschaften und die elektronische Zeitschriftendatenbank für Wirtschaftswissenschaften. Ergänzend fand eine Recherche im Internet nach Zeitschriftenartikeln, Studien und Publikationen unter unten genannten Schlagwörtern. Als Einstieg in den Bearbeitungsprozess wurde nach personalwirtschaftlichen und organisationswissenschaftlichen Lehrbüchern gesucht und bezüglich der Fragestellung untersucht. Folgende Schlagwörter für die Literaturrecherche wurden hauptsächlich verwendet: Personalführung, Führung, Mitarbeiterführung, Führung im Krankenhaus, Führungsstile, Human Resource Management, HRM, Personalmanagement im Krankenhaus, Krankenhausmanagement, Organisationspsychologie, demographischer Wandel, Wertewandel, Macht, Vertrauen, Mitarbeitermotivation, Arbeitszufriedenheit und Personalbindung. Anschließend erfolgte die Sichtung der vorgefundenen Literatur und Sortierung nach Relevanz für die Bearbeitung des Themengebietes. Die Recherche ergab eine Fülle an Lehrbüchern und Grundlagenliteratur.

Literatur, die sich speziell mit dem Themengebiet Personalführung im Krankenhaus auseinandersetzt, insbesondere unter dem Aspekt Auswirkung der Personalführung auf

---

[20] Zu den veränderten Bedingungen in diesem Zeitraum zählen unter anderem die stetige Reduzierung der Anzahl der Krankenhäuser, mit gleichzeitiger Reduzierung der aufgestellten Betten. Weiterhin kam es zur Zunahme der Fallzahlen, Verweildauer und Belegungstage, auch die Bettenauslastung in den Krankenhäusern sanken. Die Anzahl der Krankenhäuser in öffentlicher und freigemeinnütziger Trägerschaft nahm ab, entgegengesetzt stieg die Anzahl der Krankenhäuser in privater Trägerschaft. Deutsche Krankenhaus Gesellschaft (Hrsg.): Zahlen Daten Fakten 2013. Düsseldorf (Eigenverlag) 2013, S. 15-22 und DESTATIS (Statistisches Bundesamt): https://www-genesis.destatis.de/genesis/online;jsessionid=8D84026FCF74357635C924BFBC2E7F26.tomcat _GO_2_1?operation=previous&levelindex=3&levelid=1498564723708&step=3. Zugriff am: 27.6.2017.

17

das Pflegepersonals, konnte in den Datenbanken wenig gefunden werden. Vereinzelt existieren Fachzeitschriftenartikel zu dieser Thematik. Jedoch waren diese bei der Themenbearbeitung als nicht relevant einzustufen, da sich keine direkten Kausalitäten in Bezug auf die Personalführung und Auswirkungen auf Pflegepersonal erkennen ließen.[21]

---

[21] Aus stilistischen Gründen und zur besseren Lesbarkeit werden ausschließlich und konsequent die männlichen Formulierungen verwendet. In allen Fällen sind die Personen beider Geschlechter gemeint.

2 Definitionen und Begriffsklärungen

Die Definitionen und Begriffsklärungen dieses Kapitels dienen der Eingrenzung der Thematik, dem Zusammenhangsverständnis und Abgrenzung der Frage- bzw. Zielstellung dieses Buches. Zudem ist eine Klarheit der nachfolgende Definitionen und Begriffe für das Verständnis notwendig, da in der Literatur einzelne Begrifflichkeiten kontrovers diskutiert werden und eine enorme Begriffsvielfalt existiert.

2.1 Human Resource Management

In die deutsche Sprache übersetzt bedeutet das englische Wort „human resource" das „Humanvermögen".[22] Das „Humanvermögen" bzw. „Humankapital" stellt die Summe aller personellen Ressourcen dar, die einer Unternehmung[23] zur betrieblichen Leistungserstellung bzw. zum ökonomischen Nutzen, zur Verfügung stehen. Human Resource Management (HRM) wird auch als Synonym für Personalwesen, -management oder -politik verwendet.[24] Alternative Bezeichnungen sind unter anderem Human Capital Management oder Talent Management, wobei diese eher Bestandteile des Human Resource Management beschreiben.[25]

Im Gabler Wirtschaftslexikon wird HRM als angelsächsische Bezeichnung für Personalmanagement verwendet.[26] Unter Human Resource Management werden die unternehmensinternen und auf den Menschen fokussierten zentralen Prozesse und Funktionen beschrieben. Anliegen des HRM ist die Gewinnung, Einsatz, Motivation

---

[22] Felger, Susanne und Angela Paul-Kohlhoff: Human Resource Management. Konzepte, Praxis und Folgen für die Mitbestimmung. Düsseldorf (Hans-Böckler-Stiftung) 2004, S. 15-17.

[23] In diesem Buch bezieht sich der Begriff Unternehmung bzw. Unternehmen (Betrieb im marktwirtschaftlichen Wirtschaftssystem) auf das Krankenhaus. Wöhe, Günter und Ulrich Döring: Einführung in die Allgemeine Betriebswirtschaftslehre. München (Vahlen) 2013, S. 30.

[24] Felger, Susanne und Angela Paul-Kohlhoff: Human Resource Management. Konzepte, Praxis und Folgen für die Mitbestimmung. Düsseldorf (Hans-Böckler-Stiftung) 2004, S. 15-17, Zaugg, Robert J.: Nachhaltiges Personalmanagement. Eine neue Perspektive und empirische Exploration des Human Resource Management. Wiesbaden (Gabler) 2009, S. 52f, Scholz, Christian: Personalmanagement. Informationsorientierte und verhaltenstheoretische Grundlagen. München (Vahlen) 2014, S. 3 sowie Berthel, Jürgen und Fred G. Becker: Personal-Management. Grundzüge für Konzeptionen betrieblicher Personalarbeit. Stuttgart (Schäffer-Poeschel) 2013, S. 21.

[25] Scholz, Christian: Personalmanagement. Informationsorientierte und verhaltenstheoretische Grundlagen. München (Vahlen) 2014, S. 3. Das Human Capital Management ist ein Bestandteil des HRM und hat die Aufgabe, das Humankapital (Mitarbeiter) des Unternehmens zu identifizieren, zu entwickeln und profitabel einzusetzen. Holtbrügge, Dirk: Personalmanagement. Berlin (Springer Gabler) 2015, S. 266f. Talentmanagement als Teilbereich des Human Resource Management stellt ein Konzept dar, was die Besetzung von Schlüsselpositionen in einem Unternehmen langfristig sicherstellen soll und ist dem Bereich der Personalentwicklung zuzuordnen. Lindner-Lohmann, Doris, Florian Lohmann und Uwe Schirmer: Personalmanagement. Berlin (Springer Gabler) 2016, S. 6, 196f.

[26] Gabler Wirtschaftslexikon: http://wirtschaftslexikon.gabler.de/Definition/human-resource-management.html?extGraphKwId=85229. Zugriff am: 25.3.2017.

und Optimierung der personellen Ressourcen des Unternehmens.[27] In Felger/ Paul-Kohlhoff (2004) definieren Human Resource Management als eine Symbiose von Personalmanagement und strategischer Unternehmensführung.[28] Im Fokus sind die Leistungspotentiale der Mitarbeiter. Berthel und Becker unterscheiden die Begriffe Personalmanagement und HRM nicht, da sich ihnen die strategische Komponente des Human Resource Management nicht erschließt.[29]

Die Analyse der Literatur ergab, dass HRM bisher unsystematisch und unpräzise definiert worden ist.[30] In der einschlägigen Literatur weisen die Begriffe des Personalmanagements und Human Resource Managements in ihren Definitionen keine wesentlichen inhaltlichen Differenzierungen auf und werden häufig gleichgesetzt.[31] Allerdings spiegelt der Begriff Human Resource Management die Bedeutung bzw. Wertigkeit des Menschen als Ressource vergleichsweise besser wider.[32] Unternehmen streben eine nachhaltige Versorgung des Unternehmens mit motivierten und qualifizierten Mitarbeitern an.[33] Um Nachhaltigkeit zu gewährleisten müssen individuelle, organisationsbezogene und gesellschaftliche Interessen im Unternehmen beim Human Resource Management miteinander vereinbart sein.[34]

Im Gegensatz dazu, betont Personalmanagement, eher das Machtverhältnis zwischen „dem Führendem" und „dem Geführten" beziehungsweise verdeutlicht die Hierarchiestruktur eines Unternehmens. Das Rahmenmodell des Human Resource Managements (Abb. 1) verdeutlicht, dass Querschnittsfunktionen (Assessment, Personalcontrolling und operative Aufgaben) sowie Makrothemen (rote Säulen) auf die Handlungsfelder (Pfeile) des Human Resource Management einwirken und interagieren.[35] Wesentliche Einwirkfaktoren auf die Personalführung stellen Charakteristika der Organisation[36] bzw. Arbeit und Eigenschaften der Mitarbeiter dar.

---

[27] Rowold, Jens: Human Resource Management. Berlin (Springer Gabler) 2015, S. VII.
[28] Felger, Susanne und Angela Paul-Kohlhof: Human Resource Management. Konzepte, Praxis und Folgen für die Mitbestimmung. Düsseldorf (Hans-Böckler-Stiftung) 2004, S. 15.
[29] Berthel, Jürgen und Fred G. Becker: Personal-Management. Grundzüge für Konzeptionen betrieblicher Personalarbeit. Stuttgart (Schäffer-Poeschel) 2013, S. 21.
[30] ebenda, S. 17.
[31] Vor diesem Hintergrund werden in diesem Buch auch beide Begriffe gleichbedeutend verwendet, wenngleich der Human Resource Ansatz eine Bewegung der 90iger Jahre innerhalb des Personalmanagements darstellt. Scholz, Christian: Personalmanagement. Informationsorientierte und verhaltenstheoretische Grundlagen. Mün-chen (Vahlen) 2014, S. 53-55.
[32] Rowold, Jens: Human Resource Management. Berlin (Springer Gabler) 2015, S. VII.
[33] ebenda, S. VII.
[34] Zaugg, Robert J.: Nachhaltiges Personalmanagement. Eine neue Perspektive und empirische Exploration des Human Resource Management. Wiesbaden (Gabler) 2009, S. 51-53.
[35] Rowold, Jens: Human Resource Management. Berlin (Springer Gabler) 2015, S. VII-IX.
[36] Der Begriff Organisation wird in diesem Buch synonym zum Begriff Unternehmen verwendet. In der Organisationslehre wird der Begriff der Organisation hauptsächlich unter zwei Bedeutungen verwendet. Einerseits

20

Basis des Human Resource Management bildet eine Unternehmenskultur, die eng mit Führungsphilosophie, strategischer Unternehmensführung und organisatorischer Ausgestaltung verbunden ist.

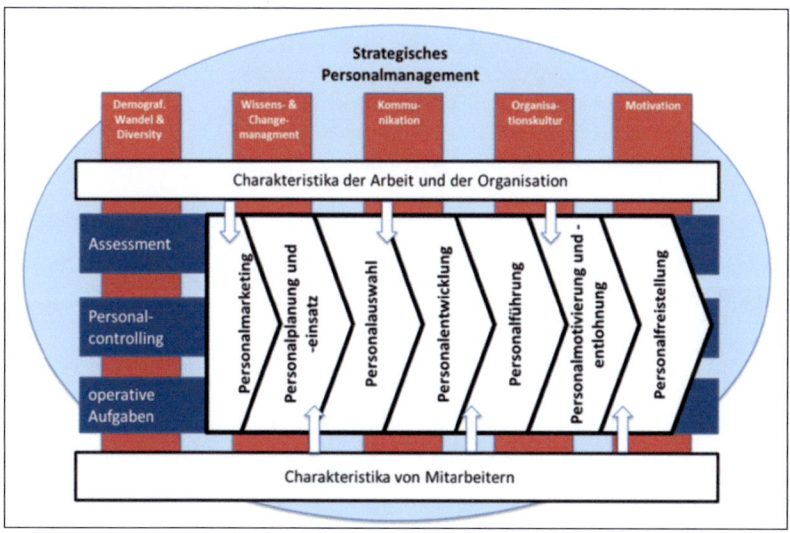

Abbildung 1: Rahmenmodell des Human Resource Management (Darstellung Rowold)[37]

Drei grundlegende Forschungsansätze des Human Resource Management liegen vor. Ihnen ist gemeinsam, dass Mitarbeiter im Fokus der Bemühungen der Führungskräfte stehen müssen.

Harvard-Ansatz

Die Harvard Konzeption wurde zu Beginn der 1980er Jahre von Beer et al. ausgearbeitet. Dieses Konzept setzt sich mit inneren (z.B. Unternehmenskultur, Eigenschaften vom Personal) und äußeren Faktoren (z.B. Gesetze, Arbeitsmarkt, Demographie etc.) auseinander, welche die Handlungsfelder des Human Resource Management beeinflussen. Die Erläuterung des Ansatzes ist insofern von Bedeutung, da der Organisationsumwelt eine elementare Rolle bei der Mitarbeiterressource zugesprochen wird. Zur Organisationsumwelt gehören unter anderem die Philosophie

---

wird ein gesamtes System als Organisation gemeint wie beispielsweise Unternehmen, Behörden, Schulen etc. (institutionelle Organisationsbegriff) und andererseits ist Organisation ein Ergebnis des Gestaltungsprozesses der Unternehmensführung (instrumenteller Organisationsbegriff). Schreyögg, Georg und Daniel Geiger: Organisation. Grundlagen moderner Organisationsgestaltung. Mit Fallstudien Wiesbaden (Springer Gabler) 2016, S. 5-11.
[37] Rowold, Jens: Human Resource Management. Berlin/ Heidelberg (Springer Gabler) 2015, S. VIII.

des Managements, Unternehmensbedingungen, demographische Veränderungen und Eigenschaften der Mitarbeiter.[38] Das Personal besitzt ebenfalls eine unmittelbare Wirkung oder Wechselwirkung auf die Führungskraft und das Führungsverhalten. Vier zentrale Handlungsfelder prägen den Harvard Ansatz, dazu gehören:[39]

- **Human Resource Flow** (Mitarbeiterfluss): Einstellung, Bewertung, Versetzung, Beförderung, Entwicklung und Entlassung von Mitarbeitern
- **Reward Systems** (Anreiz- und Belohnungssysteme)
- **Work Systems** (Arbeitsstrukturierung und -organisation)
- **Employee Influence** (Partizipation von Mitarbeitern)

Die Harmonisierung der vier Handlungsfelder, Abstimmung mit der Unternehmensstrategie sowie inneren Einflussfaktoren stellen die Zielsetzung dieses Ansatzes dar. Getroffene Entscheidungen des Managements beeinflussen die vier Human Resource Management-Outcomes:[40]

- **Commitment** (Zugehörigkeitsgefühl der Mitarbeiter)
- **Competence** (Identifikation und Bereitstellung von Fähigkeiten)
- **Congruence** (Zielkonformität verschiedener Anspruchsgruppen)
- **Cost effectiveness** (Effektivität[41] und Effizienz[42] von Maßnahmen)

Der Erfolg des Unternehmens ist davon abhängig, wie gut gelingt die Handlungsfelder des Human Resource Managements in Einklang zu bringen.

Werden beispielsweise Mitarbeiterpartizipation, Wertschätzung, Ziele der Angestellten bei der Personalführung negativ beeinflusst oder vernachlässigt, so kann das nachteilige Auswirkungen für das Unternehmen zur Folge haben.[43]

Human-Investment-Philosophy nach Miles und Snow

Unternehmen sind als Netzwerkstruktur charakterisiert, welche ein Minimum von Administrationsprozessen aufweisen sollen. Die Kernaufgabe der Führungskräfte liegt bei der Befähigung der Mitarbeiter zur Verantwortungsübernahme. Zentrale

---

[38] Felger, Susanne und Angela Paul-Kohlhoff: Human Resource Management. Konzepte, Praxis und Folgen für die Mitbestimmung. Düsseldorf (Eigenverlag) 2004, S. 19ff.
[39] ebenda, S. 20.
[40] Zaugg, Robert J.: Nachhaltiges Personalmanagement. Eine neue Perspektive und empirische Exploration des Human Resource Management. Wiesbaden (Gabler) 2009, S. 40-42.
[41] Effektivität ist der Grad der Zielerreichung - Die richtigen Dinge tun. Berthel, Jürgen und Fred G. Becker: Personal-Management. Grundzüge für Konzeptionen betrieblicher Personalarbeit. Stuttgart (Schäffer-Poeschel) 2013, S. 9.
[42] Effizienz bedeutet, mit welchem Aufwand wurde das Ziel erreicht - Die Dinge richtig tun. ebenda, S. 9.
[43] Zaugg, Robert J.: Nachhaltiges Personalmanagement. Eine neue Perspektive und empirische Exploration des Human Resource Management. Wiesbaden (Gabler) 2009, S. 40-42.

Charakteristika dieses Ansatzes sind ein positives Menschenbild, Orientierung auf Kompetenzen, Vertrauen, Verantwortung, ganzheitliche Aufgabenbereiche, Teamorientierung, Erfolgs- bzw. Leistungsorientierung, Flexibilität und eine coachend agierende Führungskraft. Die Human-Investment-Philosophy[44] ist aus Mitarbeiterperspektive partizipationsfördernd und flexibilitätserhöhend. Eine Selbstentwicklung des Personals kann ermöglicht werden.[45] Der Mitarbeiter als Erfolgsfaktor wird in den Mittelpunkt der Unternehmensbetrachtung gestellt.[46]

People-Centered Management nach Pfeffer

Dieser Ansatz geht davon aus, dass wirtschaftlicher Erfolg eines Unternehmens mit dem effektivem Umgang der Humanressourcen korreliert. Grundvoraussetzung ist, über die richtigen Mitarbeiter zu verfügen. Pfeffer formulierte ein Bündel von Maßnahmen, die den Unternehmenserfolg ermöglichen. Dazu gehören Arbeitsplatzsicherheit, selektive Personalgewinnung, Selbstorganisation/ Dezentralisation von Entscheidungsprozessen, überdurchschnittliche Entlohnung, ausgeprägte Schulungsmaßnahmen, Abbau von Hierarchie bzw. Statussymbolen und Mitarbeiterinformation über Finanz- und Erfolgsdaten des Unternehmens.[47]

Zusammenfassend betrachtet ergeben sich aus den Ansätzen wichtige Erkenntnisse für ein Unternehmen. Aus dem Rahmenmodell des Human Resource Management gehen wichtige Einflussgrößen auf die Personalführung hervor.

Zu den Einflussgrößen gehören einerseits die Charakteristika der Mitarbeiter und andererseits die Charakteristika der Arbeit und Organisation. Das Harvard Konzept verdeutlicht, dass die Handlungsfelder des Human Resource Management Einfluss auf das Personal besitzen. Arbeitsstrukturierung und -organisation sowie Partizipation sind als Handlungsfeld des Human Resource Management unmittelbare Führungsaufgaben, welche auf die Outcomes des HRM Wirkung zeigen können. Die Human-Investment-Philosophy und das People-Centered Management verdeutlichen die Bedeutung des Mitarbeiters und den Zusammenhang von Erfolg eines Unternehmens und der Ressource Mitarbeiter.

---

[44] Synonym wird der Begriff „Soft Human Resource Management" verwendet.
[45] Zaug, Robert J.: Nachhaltiges Personalmanagement. Eine neue Perspektive und empirische Exploration des Human Resource Management. Wiesbaden (Gabler) 2009, S. 42-45.
[46] Scholz, Christian: Personalmanagement. Informationsorientierte und verhaltenstheoretische Grundlagen. München (Vahlen) 2014, S. 53.
[47] Zaug, Robert J.: Nachhaltiges Personalmanagement. Eine neue Perspektive und empirische Exploration des Human Resource Management. Wiesbaden (Gabler) 2009, S. 45-49.

2.2 Zum Begriff der Führung

Der Führungsbegriff wurde je nach zeitlicher Epoche mehr oder weniger in der Literatur definiert.[48] Aus unterschiedlichen Definitionen lassen sich verschiedene inhaltliche Gemeinsamkeiten ableiten, um auf dieser Basis, ein einheitliches Verständnis zum Begriff der Führung zu besitzen. Führung ist ein Prozess, mit dem Streben zur Beeinflussung anderer Personen zur Zielerreichung, wobei in irgendeiner Weise Zielkonformität bei dem Führendem und Geführtem bestehen muss.[49] Durchgesetzt hat sich in der Literatur nachfolgende kurze Definition. Organisationsbezogen wird unter Führung die zielbezogene Einflussnahme des „Führenden" auf den „Geführten" verstanden, Ziel hierbei ist die Bewegung „des Geführten" zur Zielerreichung.[50] Wobei die Ziele in der Regel den Unternehmenszwecken folgen.[51] Bennis und Nanus eruierten etwa 850, Kellerman 1500 Definitionen zum Führungsbegriff.[52]

Die meisten Definitionen, weisen die Merkmale der Beeinflussung zur Leistungsermöglichung, bei einer gemeinschaftlichen Aufgabenstellung auf.[53] Eine Definition des Führungsbegriffes ist für die Führungskraft von Bedeutung. Das vorherrschende Menschenbild eines Vorgesetzten und seine Assoziation mit dem Begriff Führung, kann dessen Handeln stark prägen und beeinflussen. Auf Grund der Auswertung der Definitionen von Führung erscheint folgendes einheitliches Verständnis in der einschlägigen Literatur für den organisationalen Zusammenhang zutreffend: Der Führungsprozess vergegenwärtigt sich in sozialen Beziehungen, Führung bedeutet eine Verhaltensbeeinflussung des Geführten durch den Führenden, um Unternehmensziele zu erreichen.[54] Die Verhaltensbeeinflussung bei der Personal-

---

[48] Vor 1900 wurde im deutschsprachigen Raum der Begriff Führer kaum verwendet, erst vor dem ersten Weltkrieg gewann der Führungsbegriff an Bedeutung. Im Großen Meyer Lexikon wurde 1926 eine halbe Spalte zur Erläuterung des Führungsbegriffes verwendet, 1938 bereits dreieinhalb Spalten und 1979 einen Satz lang. Blessin, Bernd und Alexander Wick: Führen und führen lassen. Konstanz (UVK Lucius) 2014, S. 24.

[49] Diese Führungsdefinition ergibt sich aus der Sammlung von 43 verschiedenen Definitionen von Blessin und Wick. Als Quellen dienten den Autoren unter anderem die Publikationen von Stogdill (1950), Packard (1962), Katz und Kahn (1978), Burns (1978), Lord und Maher (1991), Baecker (1994), Weinert (2004) sowie Maier und Bartscher (2013). Blessin und Wick verfolgten die Absicht den Führungsbegriff unter einen allgemein gültigen Führungsbegriff zu definieren, sondern vielmehr war das Ziel ein Repertoire für die Menschen zu erstellen, welche mit dem Begriff der Führung umgehen müssen. Blessin, Bernd und Alexander Wick: Führen und führen lassen. Konstanz (UVK Lucius) 2014, S. 23-35.

[50] von Rosenstiel, Lutz, Erika Regnet und Michel E. Domsch (Hrsg.): Führung von Mitarbeitern. Handbuch für erfolgreiches Personalmanagement. Stuttgart (Schäffer-Poeschel) 2014, S. 3.

[51] Nerdinger, Friedmann W., Gerhard Blickle und Niclas Schaper: Arbeits- und Organisationspsychologie. Berlin (Springer) 2014, S. 84.

[52] Blessin, Bernd und Alexander Wick: Führen und führen lassen. Konstanz (UVK Lucius) 2014, S. 23-35.

[53] Kaehler, Boris: Komplementäre Führung. Ein praxiserprobtes Modell der Personalführung in Organisationen. Wiesbaden (Springer Gabler) 2017, S. 38.

[54] von der Oelsnitz, Dietrich und Jürgen Weibler (Hrsg.): Führungsethik in Organisationen. Stuttgart (Kohl-hammer) 2012, S. 15-17.

führung kann auf den Wegen der Motivation und Macht geschehen.[55] Bass (1990) unterscheidet in der Definition Führung elf Merkmale der Mitarbeiterführung. Führung ist demnach:[56]

- ein Gruppenprozess
- abhängig von der Persönlichkeit des Führenden
- versucht Zuspruch bei anderen Personen zu erreichen
- bedeutet Einfluss/ Macht auszuüben
- ist Handlung und Verhalten
- bedeutet Überzeugung und Überredung
- basiert auf Macht
- ein Instrument zur Zielerreichung
- eine Form von Interaktion
- basiert auf diversen Rollen
- schafft Strukturen

In diesem Buch wird Führung als zielgerichtete Einflussnahme der Führungskraft auf die Mitarbeiter zur Zielerreichung verstanden. Wobei die Personalführung die oben genannten Merkmale beinhaltet. Die Führungsdefinition deutet bereits einen Zusammenhang zwischen Führung und Macht (Kapitel 4.2.1) sowie Führung und Motivation (Kapitel 5) an.[57]

2.3 Führungserfolg

Aus der Führungsdefinition leitet sich der Führungserfolg ab. Zentrale Fragestellung beim Führungserfolg ist, für wen (wem nutzt oder schadet Führung) und für was (was bewirkt Führung positiv oder negativ) wird geführt. Führung muss den Unternehmens- und Humanzielen der Mitarbeiter folgen.[58] Das Rahmenmodell der Führung zeigt die Einflussfaktoren auf den Führungserfolg (Abb. 2). Das Verhalten der Führungsperson (z. B. Führungsstil sowie -rolle) und die Person selbst (z. B. Intelligenz, Wissen, soziale Kompetenz und Persönlichkeitsfaktoren) haben einen Einfluss auf das Mitarbeiterverhalten. Das Verhalten der Führungskraft äußert sich in Ergebnissen - dem

---

[55] Holtbrügge, Dirk: Personalmanagement. Berlin (Springer Gabler) 2015, S.225.
[56] Schmidt, Burkhard: Transformationale und transaktionale Führung als erfolgreicher Führungsstil für Leistung und Gesundheit? Eine kritische Überprüfung des „Full Range of Leadership"-Konzeptes für das betriebliche Gesundheitsmanagement. Dortmund, Technische Universität, Fakultät Theologie und Humanwissenschaften, Dissertation, 2011, S. 72ff. pdf-Datei: https://eldorado.tu-dortmund.de/bitstream/2003/29392/1/Dissertation.pdf. Zugriff am: 13.6.2017.
[57] Auf den Zusammenhang zwischen Führung und Persönlichkeitseigenschaften des Führenden (Kapitel 4.1.1) und Rollen der Führungskraft (Kapitel 4.1.8) wird in diesem Buch noch eingegangen.
[58] Nerdinger, Friedmann W., Gerhard Blickle und Niclas Schaper: Arbeits- und Organisationspsychologie. Berlin (Springer) 2014, S. 84.

Führungserfolg. Die Wirkmechanismen sind nicht direkt, sondern eine Folge der Wahrnehmung und Beobachtung des Personals.[59]

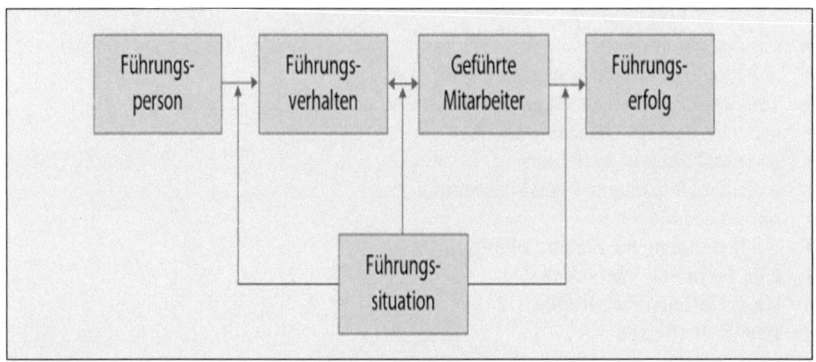

Abbildung 2: Rahmenmodell der Führung nach Nerdinger (2012)[60]

Führungserfolg zeigt sich einerseits durch Erreichen der Unternehmensziele, anderseits durch ein langfristiges Gleichgewicht an Leistung und Zufriedenheit der Mitarbeiter.[61]

Von Rosenstiel et al. zählen zum humanen Erfolg unter anderem Arbeitszufriedenheit, Engagement, teamorientiertes Verhalten und selbstgesteuertes Lernen der Mitarbeiter. Gewinn, Umsatz, Wachstum sowie Prozessinnovationen zählen zum ökonomischen Führungserfolg. Die Führungssituation wird beispielsweise durch Unternehmenskultur, Branchenzugehörigkeit, Machtbasis der Führungskraft und rechtlichen Rahmenbedingungen beeinflusst.[62] Bezüglich der Beschreibung was Führungserfolg ist, muss berücksichtigt werden, dass generell keine einheitliche Führungsdefinition in der Literatur existiert, Unklarheit über die Erfolgsdefinition besteht und eine Zurechenbarkeit zur Führungskraft nicht eindeutig möglich ist.[63]

---

[59] ebenda, S. 84f.
[60] ebenda, S. 85.
[61] Schmidt, Burkhard: Transformationale und transaktionale Führung als erfolgreicher Führungsstil für Leistung und Gesundheit? Eine kritische Überprüfung des „Full Range of Leadership"-Konzeptes für das betriebliche Gesundheitsmanagement. Dortmund, Technische Universität, Fakultät Theologie und Humanwissenschaften, Dissertation, 2011, S. 77. pdf-Datei: https://eldorado.tu-dortmund.de/bitstream/2003/29392/1/Dissertation.pdf. Zugriff am: 13.6.2017.
[62] von Rosenstiel, Lutz, Erika Regnet und Michel E. Domsch (Hrsg.): Führung von Mitarbeitern. Handbuch für erfolgreiches Personalmanagement. Stuttgart (Schäffer-Poeschel) 2014, S. 5-9.
[63] Blessin, Bernd und Alexander Wick: Führen und führen lassen. Konstanz (UVK Lucius) 2014, S. 9ff und S. 230f.

2.4 Zum Verständnis menschlicher Arbeit

Zunächst muss versucht werden, den Begriff Arbeit im Zusammenhang mit einer Organisation zu definieren. Jeder Leser dieser Arbeit besitzt sinngemäß Kenntnis darüber, was mit Arbeit gemeint ist. Das ist wichtig, da sich die Bedeutung der Arbeit,[64] im Laufe der Zeit in unserer Gesellschaft, gewandelt hat.[65] Noch in der Antike war Arbeit des freien Bürgers als unwürdig angesehen. Erst ab dem 16. Jahrhundert entwickelte sich beispielsweise die Arbeitsethik.[66] In der Organisationspsychologie wird Arbeit als zielgerichtete Tätigkeit eines Menschen zur Aufgabenerfüllung zum Zwecke der Umwelttransformation und -aneignung verstanden.[67] Eine soziologische Definition beschreibt Arbeit als Tätigkeit, die mit körperlicher und/ oder psychischer Belastung sowie Mühe verbunden ist.[68]

Arbeit verfolgt den Zweck der Daseinsvorsorge und Sicherung des Lebensunterhaltes. Zusätzlich erfüllt Arbeit elementare psychische und soziale Bedürfnisse eines Menschen.[69] Hierzu zählen vor allem Selbstverwirklichung, gesellschaftliche Anerkennung und Aufgabenerfüllung.[70] Eine motivierende und zufriedenstellende Arbeitssituation enthält für den Mitarbeiter die Dimensionen der Autonomie, Komplexität, Lernchancen, Variabilität, Aktivität, Kooperation, soziale Unterstützung, Kommunikation, Ganzheitlichkeit und Sinnhaftigkeit.[71] Ausgehend von dem Aspekt, dass Führungskräfte die Arbeitssituation beeinflussen und einen Einfluss auf das

---

[64] In der griechischen und christlichen Mythologie besaß Arbeit einen ambivalenten Bedeutungsinhalt (Fluch und Segen), in der Neuzeit erhielt körperliche Arbeit eine Aufwertung. Mit Übergang von feudaler zur bürgerlicher Gesellschaft erwuchs Arbeit aus Industrie und Produktivitätsfaktoren. Aus dem statt findenden Ökonomisierungsprozess entstanden die Wirtschaftswissenschaften. Im Verlauf kam es zur zunehmenden Ökonomisierung der Arbeit und aller anderen Lebensbereiche wie beispielsweise Politik, Gesundheitssystem, Freizeit und Bildung. Karl Marx charakterisierte Arbeit als Lohnarbeit. Steigende Arbeitsproduktivität hat zur Folge, dass Arbeitende psychische Krisen erleiden und zunehmend die Arbeit ausgeht. In der heutigen Zeit ist das Arbeits- und Freizeitgefüge für die Menschen von hoher Bedeutung. Kerber, Harald und Arnold Schmieder (Hrsg.): Handbuch Soziologie. Zur Theorie und Praxis sozialer Beziehungen. Reibek (Rowohlt) 1984, S. 32-35 und Farzin, Sina und Stefan Jordan (Hrsg.): Lexikon Soziologie und Sozialtheorie. Hundert Grundbegriffe. Stuttgart (Reclam) 2008, S. 30ff.

[65] Berthel, Jürgen und Fred G. Becker: Personal-Management. Grundzüge für Konzeptionen betrieblicher Personalarbeit. Stuttgart (Schäffer-Poeschel) 2013, S. 10f.

[66] Boeckh, Jürgen, Ernst-Ulrich Huster und Benjamin Benz: Sozialpolitik in Deutschland. Eine systematische Einführung. Wiesbaden (VS Verlag) 2011, S. 194.

[67] Kauffeld, Simone: Arbeits-, Organisations- und Personalpsychologie für Bachelor. Berlin (Springer) 2014, S. 2.

[68] Farzin, Sina und Stefan Jordan (Hrsg.): Lexikon Soziologie und Sozialtheorie. Hundert Grundbegriffe. Stuttgart (Reclam) 2008, S. 29f.

[69] Farzin, Sina und Stefan Jordan (Hrsg.): Lexikon Soziologie und Sozialtheorie. Hundert Grundbegriffe. Stuttgart (Reclam) 2008, S. 29f.

[70] ebenda, S. 29f.

[71] von Rosenstiel, Lutz, Erika Regnet und Michel E. Domsch (Hrsg.): Führung von Mitarbeitern. Handbuch für erfolgreiches Personalmanagement. Stuttgart (Schäffer-Poeschel) 2014, S. 181-185.

27

Arbeitsverhalten des Pflegepersonals besitzen, kann das an Hand von zwei Modellen,[72] die diese Zusammenhänge der Arbeit mit dem Arbeitsverhalten gut veranschaulichen, dargestellt werden. Beide Modelle zeigen besonders den Zusammenhang zwischen den Merkmalen der Arbeit sowie deren Auswirkungen auf die Mitarbeiter und werden in der Literatur oft zitiert.[73]

2.4.1 Job Characteristics Modell nach Hackman und Oldham

Das Job Characteristics Modell von Hackman und Oldham[74] (Abb. 3) beschreibt Anforderungsvielfalt, Ganzheitlichkeit, Bedeutsamkeit, Rückmeldung und Autonomie als die fünf grundlegenden Dimensionen von Arbeit. Je nach dem, in welcher Intensität ein Mitarbeiter Sinnhaftigkeit, Verantwortung, Ergebnis und Rückmeldung der Arbeit erlebt bzw. wahrnimmt, äußert sich der psychologische Zustand des Mitarbeiters im Arbeitsverhalten.[75]

Als Konsequenz des Erlebens kann hohe intrinsische Motivation, hohe Arbeitszufriedenheit und niedrige Fehl- und Kündigungsraten oder das Gegenteil wie mangelnde Motivation, Unzufriedenheit und hohe Arbeitsunfähigkeitsstände sowie hohe Fluktuationsraten die Folge sein.[76] Die Wirkmechanismen sind besonders wirksam, wenn der Mitarbeiter ein hohes persönliches Bedürfnis nach Entfaltung hat. Dementsprechend haben die Merkmale und der Erlebniszustand des Mitarbeiters einen Einfluss auf die Auswirkung der Arbeit.[77]

---

[72] Weitere bekannte Modelle welche Belastungen/ Beanspruchungen und Stress bei der Arbeit versuchen zu erklären sind das transaktionales Modell von Lazarus und Folkman (1984), Modell der Ressourcenkonservierung von Hobfoll (1988), Job Demand Control Modell nach Karasek und Theorell (1990), das Modell beruflicher Gratifikationskrisen von Siegrist (1996) sowie das Person-Environment-Fit-Modell von Edwards/ Caplan und van Harrison (1998). Nerdinger, Friedmann W., Gerhard Blickle und Niclas Schaper: Arbeits- und Organisationspsychologie. Berlin (Springer) 2014, S. 518-527.

[73] ebenda, S. 523f.

[74] Hackman und Lawler lieferten im Jahr 1971 mit diesem Modell erstmalig eine differenzierte Darstellung von Kriterien der Arbeit und wie diese zu Motivation bzw. Motivationsverlusten bei Mitarbeitern führen kann. Dies ermöglicht arbeitsbezogene Elemente zu identifizieren und zu fördern. Das Modell geht von einem selbstverwirklichendem Menschenbild aus. Rowold, Jens und Kai C. Bormann: Innovationsförderndes Human Resource Management. Grundlagen, Modelle und Praxis. Berlin (Springer Gabler) 2015, S. 22f und Rowold, Jens: Human Resource Management. Lehrbuch für Bachelor und Master. Berlin (Springer Gabler) 2015, S. 11f.

[75] Rowold, Jens und Kai C. Bormann: Innovationsförderndes Human Resource Management. Grundlagen, Modelle und Praxis. Berlin (Springer Gabler) 2015, S. 22-24.

[76] Rowold, Jens und Kai C. Bormann: Innovationsförderndes Human Resource Management. Grundlagen, Modelle und Praxis. Berlin (Springer Gabler) 2015, S. 22-24.

[77] Schmidt, Burkhard: Transformationale und transaktionale Führung als erfolgreicher Führungsstil für Leistung und Gesundheit? Eine kritische Überprüfung des „Full Range of Leadership"-Konzeptes für das betriebliche Gesundheitsmanagement. Dortmund, Technische Universität, Fakultät Theologie und Humanwissenschaften, Dissertation, 2011, S. 129ff. pdf-Datei: https://eldorado.tu-dortmund.de/bitstream/2003/29392/1/Dissertation.pdf. Zugriff am: 13.6.2017.

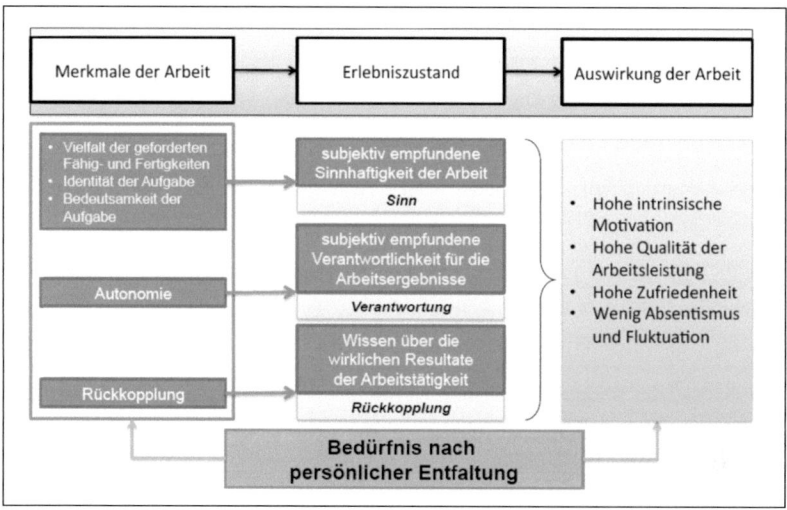

Abbildung 3: Job Characteristics Modell nach Hackman und Oldham (1980)[78]

An Hand dieses Modells, kann eine Führungskraft potentiellen Veränderungsbedarf eruieren. Weiter lässt sich diagnostizieren, wie Arbeitsaufgaben leistungs- und motivationsfördernd gestaltet werden könnten, um dem Angestellten Entfaltungsmöglichkeiten bei der Ausübung der Tätigkeit einzuräumen.[79]

2.4.2 Job Demands-Resources Modell nach Bakker

Das Modell von Bakker und Demerouti[80] befasst sich im wesentlichem mit Belastung bzw. Überlastung von Mitarbeitern durch überhöhte Tätigkeitsanforderungen. Dazu gehören unter anderem informatorische Erschwernisse, Zeitdruck und zwischenmenschliche Spannungen/ Konflikte im Team. Verfügt ein Mitarbeiter über Ressourcen wie beispielsweise Möglichkeit Arbeitsabläufe zu ändern, Feedback/ Ermutigungen durch Vorgesetzte oder die Möglichkeit Kollegen um Hilfe zu bitten, so kann einer Überlastung entgegengewirkt oder verhindert werden.[81] Bei diesem Modell wird davon ausgegangen, dass die Interaktion von Anforderungen (Demands) und

---

[78] ebenda, S. 129.
[79] Nerdinger, Friedmann W., Gerhard Blickle und Niclas Schaper: Arbeits- und Organisationspsychologie. Berlin (Springer) 2014, S. 361f.
[80] Dieses Modell wurde im Jahr 2007 von Bakker und Demerouti beschrieben, bei diesem Modell stehen die Ressourcen bei der Stressentstehung im Vordergrund. Es entstand vor dem Hintergrund der Kritik an dem Modell beruflicher Gratifikationskrisen (1996) und dem Job-Demand-Control-Modell (1990). Nerdinger, Friedmann W., Gerhard Blickle und Niclas Schaper: Arbeits- und Organisationspsychologie. Berlin (Springer) 2014, S. 523f.
[81] Rowold, Jens und Kai C. Bormann: Innovationsförderndes Human Resource Management. Grundlagen, Modelle und Praxis. Berlin (Springer Gabler) 2015, S. 24.

Ressourcen (Resources) Auswirkung auf die Stress- bzw. Motivationsentwicklung der Mitarbeiter besitzen. Diese Interaktionsbeziehungen wurden unter anderem in den Studien von Hobfoll (1988), Deci/Ryan (1985) und Bakker/ Demerouti/ De Boer et al. (2003) nachgewiesen.[82]

Ausgehend von der Arbeitsdefinition, besitzt Arbeit unter anderem die Funktion der Bedürfniserfüllung eines Menschen. Werden beide Modelle betrachtet, so lassen sich durch die Führungskraft sowohl die Merkmale von Arbeit als auch der Erlebniszustand des Mitarbeiters beeinflussen. Die Resources (z. B. Wertschätzung, Unterstützung, Orientierung, Feedback durch Vorgesetzte) und Demands (z. B. Zeitdruck, Konflikte, Überforderung) der Mitarbeiter liegen im Einflussbereich des direkten Vorgesetzten.[83] Sowohl die Tätigkeitsmerkmale, als auch die vom Geführten persönlich erlebte Beanspruchung bei der Arbeit, wirken sich auf den Erlebniszustand bei der Arbeit aus.

[82] Nerdinger, Friedmann W., Gerhard Blickle und Niclas Schaper: Arbeits- und Organisationspsychologie. Berlin (Springer) 2014, S. 523f.
[83] ebenda, S. 523f.

3 Rahmenbedingungen des Unternehmens Krankenhaus

3.1 Demographische Entwicklung als Einflussfaktor

Demographischer Wandel ist als die wahrnehmbare und bedeutende Veränderung der Zusammensetzung der Bevölkerung über die Zeit definiert. Derartige Entwicklungen sind das Resultat einer Interaktion aus Mortalitäts-, Fertilitäts- und Nettoimmigrationsraten einer Volkswirtschaft. Prognosen besagen, dass das Arbeitskräftepotential bis zum Jahr 2030 um zirka sechs Millionen Menschen sinkt.[84] Ende des Jahres 2014 hatte Deutschland 81,2 Millionen Einwohner, davon lebten 12,5 Millionen (15%) in den neuen Bundesländern. Seit dem Jahr 2011 sind die Bevölkerungszahlen bezogen auf das gesamte Bundesgebiet progressiv, jedoch ist eine kontinuierliche Bevölkerungsregression in den neuen Bundesländern zu verzeichnen.[85] Die Bevölkerung im erwerbsfähigen Alter (20-64-Jährige) und die jüngere Bevölkerung (unter 20-Jährige) sind in Gesamtdeutschland regressiv. Die Anzahl der ab 65-Jährigen steigt an. Im Vergleich zum Jahr 2013 wird sich die Anzahl der Hochbetagten (90-100-Jährige) auf zirka neun Millionen Menschen im Jahr 2060 verdoppeln. Je nach Zuwanderungsgrad wird die Bevölkerungszahl im Jahr 2060 zwischen 67,6 bis 73,1 Millionen Menschen betragen.[86]

[84] Richter, Götz, Silke Bode und Birgit Köper: Demographischer Wandel in der Arbeitswelt. Dortmund (Eigenverlag) 2012, S. 3. pdf-Datei der BAuA: http://www.baua.de/de/Publikationen/Fokus/artikel30.html. Zugriff am: 26.3.2017.

[85] Bundeszentrale für politische Bildung (Hrsg.): Datenreport 2016. Ein Sozialbericht für die Bundesrepublik Deutschland. Bonn (Eigenverlag) 2016, S. 15. pdf-Datei von DESTATIS: https://www.destatis.de/DE/Publikationen/Datenreport/Downloads/Datenreport2016.pdf?__blob=publicationFile. Zugriff am: 26.3.2017.

[86] Statistisches Bundesamt (Hrsg.): Pressemitteilung vom 28. April 2015 - 153/15. Neue Bevölkerungsvorausberechnung für Deutschland bis 2060. pdf-Datei von DESTATIS: https://www.destatis.de/DE/PresseService/Presse/Pressekonferenzen/2015/bevoelkerung/pm_bevoelk2060_PDF.pdf;jsessionid=A148EFB9EBE7BB424C6F74E60C82FC71.cae4?__blob=publicationFile. Zugriff am: 27.3.2016.

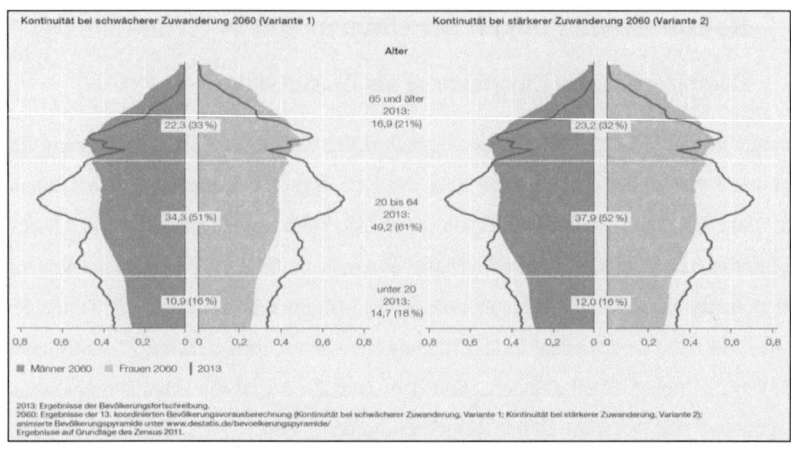

Abbildung 4: Altersstruktur der Bevölkerung 2013 und 2060 im Vergleich - in Mio. (in %)[87]

Abbildung 4 veranschaulicht die Verschiebungen der Altersstruktur der deutschen Bevölkerung in den nächsten Jahren und weist die Alterung auf. Eine Bevölkerungsalterung spiegelt sich in der Alterung der Mitarbeiter in den Unternehmen wider. Der Wettbewerb um junge Arbeitnehmer wird sich zukünftig verstärken.[88] Ein weiterer Aspekt ist, dass sich Führungskräfte auf die älteren Beschäftigten, durch geeignete Maßnahmen, fokussieren müssen. Ältere Arbeitnehmer werden in den nächsten Jahren eine wichtige Ressource für Unternehmen sein.[89] Altersteilzeitmodelle sind zukünftig weder volkswirtschaftlich finanzierbar noch unternehmerisch sinnvoll.[90] Weiterhin sind vermehrt Dissonanzen oder Konflikte zwischen der „jüngeren" und „älteren" Generation in Unternehmen zu erwarten.[91] Ein weiterer demographischer Trend ist die zunehmende Auflösung der klassischen Geschlechterrollen. Folgen sind beispielsweise, dass vermehrt Frauen Führungspositionen anstreben und Männer Zeit für Familie beanspruchen.[92] Die Tendenzen der demographischen Entwicklung besitzen auch Einfluss auf die Personalführung.

[87] Bundeszentrale für politische Bildung (Hrsg.): Datenreport 2016. Ein Sozialbericht für die Bundesrepublik Deutschland. Bonn (Eigenverlag) 2016, S. 26. pdf-Datei von DESTATIS: https://www.destatis.de/DE/Publikationen/Datenreport/Downloads/Datenreport2016.pdf?__blob=publicationFile. Zugriff am: 26.3.2017.
[88] Berthel, Jürgen und Fred G. Becker: Personal-Management. Grundzüge für Konzeptionen betrieblicher Personalarbeit. Stuttgart (Schäffer-Poeschel) 2013, S. 728.
[89] Naegler, Heinz: Personalmanagement im Krankenhaus. Berlin (MWV) 2014, S. 340-348.
[90] von Rosenstiel, Lutz, Erika Regnet und Michel E. Domsch (Hrsg.): Führung von Mitarbeitern. Handbuch für erfolgreiches Personalmanagement. Stuttgart (Schäffer-Poeschel) 2014, S. 35.
[91] Nerdinger, Friedmann W., Gerhard Blickle und Niclas Schaper: Arbeits- und Organisationspsychologie. Berlin (Springer) 2014, S. 112f.
[92] Eberhardt, Daniela und Anna-Lena Majkovic: Die Zukunft der Führung. Eine explorative Studie zu den Führungsherausforderungen von morgen. Wiesbaden (Springer) 2015, S. 29f.

3.2 Fachkräftemangel im Krankenhaus

Ende des Jahres 2015 waren etwa 1,2 Mio. Menschen im Krankenhaus beschäftigt, dies entsprach 868.044 Vollzeitäquivalenten, davon entfielen 713.680 auf den nichtärztlichen Bereich.[93] Laut der Studie von PricewaterhouseCoopers (PWC) und dem Wirtschaftsforschungsinstitut (WiFOR) werden im Jahr 2020 insgesamt etwa 140.000 und im Jahr 2030 zirka 768.000 Vollzeitäquivalente[94] des nicht-ärztlichen Personals[95] im Gesundheitswesen[96] nicht zu besetzen sein. Die vorangestellten Zahlen beziehen sich ausschließlich auf nicht-ärztliches Personal im ambulanten und stationären Gesundheitssektor.[97] Bis zum Jahr 2030 werden 48% der Stellen des nicht-ärztlichen Personals im stationären Gesundheitssektor nicht besetzt werden können, das entspricht 447.000 Vollzeitäquivalenten. Im Krankenhaus speziell steigen die Zahlen der fehlenden Vollzeitäquivalente von 135.000 (2020) auf 350.000 (2030) stark an.[98] Aus dem BIPP-IAB-Qualifikations- und Berufsfeldprojektionen im Jahr 2012 geht hervor, dass im Jahr 2030 mit einem hohem Arbeitskräfte- sowie Fachkräfteengpass in den Gesundheitsberufen[99] zu rechnen ist.[100] Das Institut für Arbeitsmarkt- und Berufsforschung der Bundesagentur für Arbeit relativiert jedoch diese Aussagen zum bevorstehenden Fachkräftemangel.[101]

---

[93] Statistisches Bundesamt (Hrsg.): Gesundheit. Grunddaten Krankenhaus. Fachserie 12 Reihe 6.1.1. Wiesbaden (Eigenverlag) 2015, S. 8-12. pdf Datei: https://www.destatis.de/DE/Publikationen/Thematisch/Gesundheit/Krankenhaeuser/GrunddatenKrankenhaeuser2120611157004.pdf?__blob=publication File. Zugriff am: 26.4.2017.

[94] Vollzeitäquivalente werden definiert als die Anzahl der auf Normalarbeitszeit umgerechneten Beschäftigungsverhältnisse. eurostat (Hrsg.): Europäisches System Volkswirtschaftlicher Gesamtrechnung - ESVG - 2010. Luxemburg (Eigenverlag) 2014, S. 362.

[95] Zum nicht-ärztlichen Personal gehören laut Angaben der Verfasser (Ostwald, Dennis A., Tobias Ehrhard, Friedrich Bruntsch, Harald Schmidt und Corinna Friedl) in dieser Studie Heilpraktiker, Masseure, Krankengymnasten, Krankenpfleger, Hebammen, Krankenpflegehelfer, Diätassistenten, pharmazeutisch-technische Assistenten und Medizinallaboranten.

[96] In der Analyse von PWC und WiFOR werden Arztpraxen, Zahnarztpraxen, Apotheken, Gesundheits-einzelhandel, ambulante Pflegedienste, Krankenhäuser, Vorsorge- und Rehabilitationseinrichtungen sowie teilstationäre stationäre Pflegeeinrichtungen unter dem Begriff Gesundheitswesen zusammengefasst.

[97] Unter dem stationären Gesundheitssektor wurden in der Studie Krankenhäuser, Vorsorge- und Rehabilitationskliniken, niedergelassene Ärzte, Medizinische Versorgungszentren (MVZ) und stationäre sowie teilstationäre Pflegeeinrichtungen zusammengefasst.

[98] Dennis A. Ostwald, Tobias Ehrhard, Friedrich Bruntsch et al.: Gesundheitswesen. Fachkräftemangel. Stationärer und ambulanter Bereich bis zum Jahr 2030. Frankfurt (Eigenverlag) 2010, S. 38-45. pdf-Datei der PricewaterhouseCoopers AG: http://www.pwc.de/de/gesundheitswesen-und-pharma/assets/fachkraefte-mangel.pdf. Zugriff am: 26.3.2017.

[99] Unter Gesundheitsberufen wurden im BIBB-Report die Gesundheits- und Sozialberufe sowie Körperpfleger zusammengefasst. Eine nähere Ausführung bzw. Differenzierung der Berufsbezeichnung erfolgte hierbei nicht.

[100] Helmrich, Robert, Gerd Zika und Michael, Kalinowski et al.: Engpässe auf dem Arbeitsmarkt: Geändertes Bildungs- und Erwerbsverhalten mildert Fachkräftemangel. Neue Ergebnisse der BIBB-IAB-Qualifikations- und Berufsfeldprojektionen bis zum Jahr 2030. BIBB REPORT (18): 1-10, 2012.

[101] Fuchs, Johann, Doris Söhnlein und Brigitte Weber: Projektion des Erwerbspotentials bis 2060. Arbeitskräfteangebot sinkt auch bei hoher Zuwanderung. IAB-Kurzbericht (6): 8, 2017.

Trotz sinkendem Erwerbspersonenpotential bis zum Jahr 2060 muss es nicht zum Fachkräftemangel kommen, da Anpassungsreaktionen[102] der Volkswirtschaft zu erwarten sind.[103] Eine schriftliche Befragung von 290 deutschen Krankenhäusern im Jahr 2013, durch das Deutsche Krankenhausinstitut (DKI) ergab, dass hochgerechnet auf die Grundgesamtheit 2300 Vollzeitäquivalente im Pflegedienst nicht besetzt waren. Im Vergleich zum Jahr 2009 hat sich die Anzahl der unbesetzten Vollzeitstellen fast verdoppelt. Eine besondere Problematik stellt die Besetzung von vakanten Stellen (z. B. auf Intensivstationen) dar.[104] Für das Jahr 2017 wird bundesweit von 6.000 bis 10.000 unbesetzten Vollzeitstellen im Pflegebereich ausgegangen.[105] Eine bedeutende Erkenntnis bezüglich des Fachkräftemangels ergab eine Analyse für den Deutschen Pflegerat von Simon (1999-2009). Eine Erkenntnis war, dass durch Zunahme der Teilzeitbeschäftigungsverhältnisse der Pflegefachkräfte im Krankenhaus (aus ökonomischen Beweggründen) kein realer Fachkräftemangel besteht, sondern vielmehr eine künstlich gesteigerte Nachfrage an Pflegefachkräften besteht.[106] Eine weitere Analyse von Simon (2015) ergab, dass die Soll-Personalbesetzung von 311.000 Vollzeitstellen im Jahr 1993 um 83.000 Vollzeitstellen im Jahr 2013 unterschritten war.[107] Bonin et al. (2015) kamen in ihrer Studie zum Ergebnis, dass im Jahr 2030 zwischen 100.000 bis 200.000 Vollzeitstellen an Pflegefachkräften fehlen könnten.[108]

---

[102] Zu den Anpassungsreaktionen der Volkswirtschaft zählen unter anderem, dass durch Bildungsmaßnahmen die gering qualifizierten Erwerbspersonen ein höheres Qualifikationsniveau erreichen und somit das Potential an verfügbaren Fachkräften wieder anheben. Weiterhin wird davon ausgegangen, dass durch die zunehmende Digitalisierung die Produktivität der Mitarbeiter steigt. Fuchs, Johann, Doris Söhnlein und Brigitte Weber: Projektion des Erwerbspotentials bis 2060. Arbeitskräfteangebot sinkt auch bei hoher Zuwanderung. IAB-Kurzbericht (6): 8, 2017.

[103] ebenda, S. 7f.

[104] Blum, Karl, Sabine Löffert und Matthias Offermanns et al. (Hrsg.): Krankenhaus Barometer. Umfrage 2013. Düsseldorf (Eigenverlag) 2013, S. 18-23. pdf-Datei: http://www.dkgev.de/media/file/16291.Umfrage_2013.pdf. Zugriff am: 11.4.2017.

[105] Baum, Georg: Vor neuen Personalanhaltszahlen. Das Krankenhaus (2): 85, 2017.

[106] Simon, Michael: Beschäftigte und Beschäftigungsstrukturen in Pflegeberufen. Eine Analyse der Jahre 1999 bis 2009. Studie für den Deutschen Pflegerat. Hannover (Eigenverlag) 2012, S. 53-55. pdf-Datei: http://www.hs-hannover.de/fileadmin/media/doc/pp/Simon__2012__Studie_zur_Beschaeftigung_in_Pflegeberufen.pdf. Zugriff am: 26.6.2017.

[107] Simon, Michael: Unterbesetzung und Personalmehrbedarf im Pflegedienst der allgemeinen Krankenhäuser. Eine Schätzung auf Grundlage verfügbarer Daten. Hannover (Eigenverlag) 2015, S. 34ff. pdf-Datei: http://www.deutscher-pflegerat.de/Fachinformationen/Simon-2015-Unterbesetzung-und-Personalmehrbedarf-im-Pflegedienst-2.pdf. Zugriff am: 27.6.2017.

[108] Bonin, Holger, Grit Braeseke und Angelika Ganserer: Internationale Fachkräfterekrutierung in der deutschen Pflegebranche. Gütersloh (Eigenverlag) 2015, S.24f. pdf-Datei: https://www.bertelsmann-stiftung. de/de/publikationen/publikation/did/internationale-fachkraefterekrutierung-in-der-deutschen-pflegebranche-1/. Zugriff am: 7.5.2017.

34

3.3 Die Bedeutung der Diversität

Ein weiterer Einflussfaktor auf Führungskräfte im Krankenhaus, ist die Diversität von Arbeitsgruppen bzw. Teams. Diversität bezieht sich auf viele verschiedene Aspekte. Dazu gehören unter anderem die ethnische Zugehörigkeit, Geschlecht, Alter, Nationalität, geschlechtliche Orientierung, sozialer Hintergrund, Ausbildung sowie Schulbildung.[109] Diversität von Teams kann positive Synergieeffekte, aber auch negative Folgen für das Unternehmen bzw. die Teams zur Folge haben.[110] Aufgabe der Führungskraft ist, Akzeptanz und Toleranz zu fördern sowie Unterstützung der Mitarbeiter zur gemeinsamen Ergebniserreichung trotz differenter Ansichten, Arbeits- und Herangehensweisen zu fördern.[111] Fokus der Führung liegt auf der Einbeziehung aller Mitarbeiter in den Team- und Aufgabenprozess.[112] Unabhängig vom Fokus der Führungskraft, hat die Einbeziehung aller Angestellten nicht zuletzt ethisch-moralische (z. B. Sicherung der Chancengleichheit und gesellschaftliche Verantwortung von Unternehmen), rechtliche (z. B. Artikel 1 des Grundgesetzes) sowie wirtschaftliche Gründe (z.B. Image des Unternehmens, Kosten bei mangelnder Integration) welche stets zu berücksichtigen sind.[113]

3.4 Wirtschaftliche und gesetzliche Rahmenbedingungen

In Deutschland existierten im Jahr 2015 über 1.956 Krankenhäuser mit insgesamt etwa 500.000 aufgestellten Betten und einer durchschnittlichen Verweildauer der Patienten von 7,3 Tagen.[114] Nach Trägerschaft wird zwischen öffentlichen, freigemeinnützigen und privaten Krankenhäusern unterschieden. Das Sozialgesetzbuch (SGB) V, Krankenhausfinanzierungsgesetz (KHG) und Krankenhausentgeltgesetz (KHEntgG) enthalten die wesentlichsten Regelungen.[115]

[109] von Rosenstiel, Lutz, Erika Regnet und Michel E. Domsch (Hrsg.): Führung von Mitarbeitern. Handbuch für erfolgreiches Personalmanagement. Stuttgart (Schäffer-Poeschel) 2014, S. 40f.
[110] von der Oelsnitz, Dietrich und Jürgen Weibler (Hrsg.): Führung, Macht und Vertrauen in Organisationen. Stuttgart (Kohlhammer) 2006, S. 202-205.
[111] von Rosenstiel, Lutz, Erika Regnet und Michel E. Domsch (Hrsg.): Führung von Mitarbeitern. Handbuch für erfolgreiches Personalmanagement. Stuttgart (Schäffer-Poeschel) 2014, S. 41.
[112] Scholz, Christian: Personalmanagement. Informationsorientierte und verhaltenstheoretische Grundlagen. München (Vahlen) 2014, S. 1016-1020.
[113] Klaus, Hans und Hans J. Schneider (Hrsg.): Personalperspektiven. Human Resource Management und Führung im ständigen Wandel. Wiesbaden (Springer Gabler) 2016, S. 30.
[114] Deutsche Krankenhaus Gesellschaft (Hrsg.): Eckdaten der Krankenhausstatistik. pdf-Datei: http://www.dkgev. de/media/file/27611.Eckdaten_Krankenhausstatistik_Stand_2016-06-10_.pdf. Zugriff am: 26.4.2017.
[115] Deutsche Krankenhaus Gesellschaft (Hrsg.): Zahlen Daten Fakten 2013. Düsseldorf (Eigenverlag) 2013, S. 7-11.

Die wirtschaftliche Situation der Krankenhäuser in Deutschland ist seit mehreren Jahren kritisch. Seit Einführung der DRG´s (Diagnosis Related Groups) in Deutschland wirtschaften zwischen 30%-50% der Krankenhäuser defizitär.[116] Auf Grund des marktwirtschaftlichen Wettbewerbes unter DRG-Bedingungen entsteht ein hoher Optimierungsbedarf der Krankenhäuser. Bezüglich Über-, Unter- und Fehlversorgung gilt, den Krankenhaussektor weiterzuentwickeln. In urbanisierten und städtischen Regionen besteht teilweise ein Überangebot an Krankenhäusern, in ländlichen Raum dagegen deutet sich eine Unterversorgung an. Die unzureichende Investitionskostenfinanzierung stellt ein weiteres elementares Problem für die Krankenhäuser dar.[117] Die hohen finanziellen Belastungen entstehen unter anderem auch durch Tariferhöhungen, Energie- und Sachkostensteigerungen, Preisbegrenzungen und finanziellen Kürzungen seitens der Politik bzw. Kostenträger.[118] Die Sicherstellung der Strukturen und Finanzierung ist nicht mehr sichergestellt.[119] Zu den veränderten wirtschaftlichen Rahmenbedingungen zählen beispielsweise zunehmende Komplexität der Arbeitsabläufe, technologischer Wandel, zunehmender Konkurrenzdruck und steigende Kundenorientierung, Wirtschaftskrisen, Rationalisierungsdruck, zunehmende Segmentierung der Beschäftigten, Globalisierung, Internationalisierung und Halbwertzeit des Wissens.[120] Wirtschaftliche und rechtliche Rahmenbedingungen besitzen Auswirkungen auf die Personalführung im Krankenhaus. Dazu gehören unter anderem die Notwendigkeit der Anwendung verschiedenster Managementansätze, kulturgerechte Führungsinstrumente, Harmonisierung von Führungskulturen sowie konstruktiver Umgang mit dem Rechtfertigungsdruck der Führungskräfte. Weitere Herausforderungen die sich ergeben sind unter anderem steigende Bedeutung der Kommunikation in Unternehmen, Integration anderer Kulturen und die Berücksichtigung neuer Kommunikationsmedien.[121]

---

[116] BDO AG (Hrsg.): Investitionsfähigkeit der deutschen Krankenhäuser Köln (Eigenverlag) 2015, S. 33. pdf-Datei: http://www.dki.de/sites/default/files/publikationen/investitionsfaehigkeit_der_deutschen_kranken-haeuser .pdf. Zugriff am: 26.4.2017.
[117] Klauber, Jürgen, Max Geraedts und Jörg Friedrich et al. (Hrsg.): Krankenhausreport 2015. Schwerpunkt: Strukturwandel. Stuttgart (Schattauer) 2015, S. 4-7.
[118] Deutsche Krankenhaus Gesellschaft (Hrsg.): Zahlen Daten Fakten 2013. Düsseldorf (Eigenverlag) 2013, S. 7.
[119] Offermanns, Guido: Prozess- und Ressourcensteuerung im Gesundheitssystem. Neue Instrumente zur Steiger-ung der Effektivität und Effizienz in der Versorgung. Berlin (Springer Gabler) 2011, S. 41.
[120] von Rosenstiel, Lutz, Erika Regnet und Michel E. Domsch (Hrsg.): Führung von Mitarbeitern. Handbuch für erfolgreiches Personalmanagement. Stuttgart (Schäffer-Poeschel) 2014, S. 32-36.
[121] Kolb, Meinulf, Brigitte Burkart und Frank Zundel: Personalmanagement. Grundlagen und Praxis des Human Resources Managements. Wiesbaden (Gabler) 2010, S. 35f.

3.5 Gesellschaftlicher Wertewandel und dessen Folgen

Wertvorstellungen[122] wie beispielsweise Ordnung, Pünktlichkeit, Diszipliniertheit und Gehorsamkeit haben seit etwa zwanzig Jahren an Bedeutung verloren. Der Beruf wird nicht mehr als Absolutheitsanspruch angesehen. Selbstverwirklichung und sinnvolle Beschäftigung gewinnen an Priorität.[123] Des Weiteren wächst der Anspruch nach Übernahme von Verantwortung durch ein besseres Bildungsniveau der Menschen. Im Vergleich zur Einzelarbeit gilt bei der Mehrzahl der Menschen Gruppenarbeit als attraktivere Arbeitsform.[124] Menschen sind auf der gezielten Suche nach freiwilliger Arbeit, welche dann zur sozialen Verpflichtung wird. Oberste Maxime für Arbeits- und Freizeitverhalten sind Nützlichkeit und Produktivität der ausgeübten Tätigkeit.[125] Als Grundlage für den gesellschaftlichen Wertewandel wird unter anderem ein selbstverständliches Sicherheitsgefühl, langandauernder Frieden, höheres Bildungsniveau, ein leistungsstarkes Sozialsystem, Mobilität sowie schnellere Kommunikationsmöglichkeiten angesehen.[126] Veränderte Wertvorstellungen wirken auf das Verhältnis zwischen Unternehmen und Mitarbeiter, somit auch auf die Unternehmenskultur. Gehäuft entstehen Diskrepanzen zwischen Wertvorstellung der Mitarbeiter und gelebter Unternehmenskultur im Krankenhaus.[127] Als bedeutsames Lebensziel wird Familie, Partnerschaft und Work-Life-Balance bei Nachwuchskräften angesehen. Mitarbeiter haben einen erhöhten Qualitätsanspruch bei ihrer Tätigkeit. Arbeit an sich wird nicht in Frage gestellt, nur die als sinnlos erlebte Arbeit. Geld, Leistung und Karriere haben nicht an Bedeutung verloren.[128] Der gesellschaftliche Wertewandel muss bei der Personalführung berücksichtigt werden um geeignete Führungsstrategien einzusetzen zu können.[129]

---

[122] Unter Werte eines Menschen werden die allgemeinen Grundprinzipien der Orientierung bei einer Handlung verstanden. Sie steuern Handlungssituationen und sind Vorstellungen von dem Wünschenswerten. Nerdinger, Friedmann W., Gerhard Blickle und Niclas Schaper: Arbeits- und Organisationspsychologie. Berlin (Springer) 2014, S. 633 sowie Korte, Hermann und Bernhard Schäfers (Hrsg.): Einführung in die Hauptbegriffe der Soziologie. Wiesbaden (Springer VS) 2016, S. 40f.

[123] von Rosenstiel, Lutz, Erika Regnet und Michel E. Domsch (Hrsg.): Führung von Mitarbeitern. Handbuch für erfolgreiches Personalmanagement. Stuttgart (Schäffer-Poeschel) 2014, S. 35.

[124] Nerdinger, Friedmann W., Gerhard Blickle und Niclas Schaper: Arbeits- und Organisationspsychologie. Ber-lin (Springer) 2014, S. 396.

[125] Scholz, Christian: Personalmanagement. Informationsorientierte und verhaltenstheoretische Grundlagen. München (Vahlen) 2014, S. 25.

[126] Blessin, Bernd und Alexander Wick: Führen und führen lassen. Konstanz (UVK Lucius) 2014, S. 285.

[127] Offermanns, Guido: Prozess- und Ressourcensteuerung im Gesundheitssystem. Neue Instrumente zur Steigerung der Effektivität und Effizienz in der Versorgung. Berlin (Springer Gabler) 2011, S. 135.

[128] von Rosenstiel, Lutz, Erika Regnet und Michel E. Domsch (Hrsg.): Führung von Mitarbeitern. Handbuch für erfolgreiches Personalmanagement. Stuttgart (Schäffer-Poeschel) 2014, S. 35.

[129] Klaus, Hans und Hans J. Schneider (Hrsg.): Personalperspektiven. Human Resource Management und Führ-ung im ständigen Wandel. Wiesbaden (Springer Gabler) 2016, S. 172ff.

Bedingung ist, eine präzise Kenntnis der Führungskraft über ihre Mitarbeiter bezüglich der arbeitsbezogenen Einstellungen und Werte bzw. Normen (Tab. 1).[130]

Generation und Geburtsjahrgänge	Typische Werte und Eigenschaften
Nachkriegsgeneration (1935-1945)	Zuverlässigkeit, Respekt gegenüber Hierarchie und Vorgesetzten, Loyalität, Gehorsamkeit, Leistungsorientiertheit, Arbeitswelt ist männerdominiert, Disziplin, Pflichtbewusstsein
Wirtschaftswundergeneration (1946-1955)	Mitarbeiterorientierung, abnehmende Autoritätsgläubigkeit, Selbstbestimmung und Mitsprache
Baby Boomer Generation (1956-1965)	Leistungsorientiertheit, Teamarbeit, Mitbestimmung, Umweltbewusstsein, Emanzipation, wachsendes Freizeitbedürfnis, Optimismus, Pflichtbewusstsein, Sorgfalt, Status, Strebsamkeit
Generation X/ Generation Golf (1966-1980)	Wohlstand, Sicherheit, Karriere, Zuverlässigkeit, Pragmatismus, Streben nach postmaterialistischen Werten wie Glück, Freizeit etc.
Generation Y (1981-1994)	Work-Life-Balance, Mitsprache, Kompetenz vor Hierarchie, Tätigkeit orientiert sich nach dem selbst gesetzten Sinn, Beherrschung moderner Kommunikationsformen und Social Networks, Affinität für Computer und Internet
Generation Z bzw. R (ab 1995)	Konzentration auf eigenes Wohlbefinden und eigene Zielstellungen, realistisch-pragmatische Einstellung zur Arbeit/ zum Arbeitgeber, Kommunikation findet weniger face-to-face statt, hohe Bedeutung des „online sein"

Tabelle 1: Überblick der Generationen und dessen typische Wertvorstellungen (eigene Darstellung)[131]

Die Herausforderung bei der Personalführung liegt darin, die individuellen Ziele und Werte des Mitarbeiters mit den übergeordneten gesamtunternehmerischen Zielsystems beziehungsweise der Unternehmenskultur in Einklang zu bringen.[132]

---

[130] Klaus, Hans und Hans J. Schneider (Hrsg.): Personalperspektiven. Human Resource Management und Führung im ständigen Wandel. Wiesbaden (Springer Gabler) 2016, S. 172ff.

[131] ebenda, S. 172ff und Mangelsdorf, Martina: Von Babyboomer bis Generation Z. Der richtige Umgang mit unterschiedlichen Generationen in Unternehmen. Offenbach (Gabal) 2015, S.22f.

[132] Klaus, Hans und Hans J. Schneider (Hrsg.): Personalperspektiven. Human Resource Management und Führung im ständigen Wandel. Wiesbaden (Springer Gabler) 2016, S. 180f.

4 Theoretische Grundlagen der Personalführung

4.1 Personalführungstheorien

In der einschlägigen Literatur existieren eine Vielzahl an unterschiedlichen Führungstheorien aus der Führungsforschung, alle Theorien haben die Gemeinsamkeit, dass der Zusammenhang von Führungsart und Führungserfolg erklärt werden soll.[133] Im wesentlichen lassen sich sieben verschiedene Ansätze bei den Personalführungstheorien (Abb. 5) identifizieren, in denen sich auch die neueren Modelle und Theorien einordnen lassen.[134] Nachfolgend wird auf die bekanntesten Theorien eingegangen, da eine umfängliche Darstellung aller Ansätze auf Grund der Komplexität, in diesem Buch nicht möglich ist.

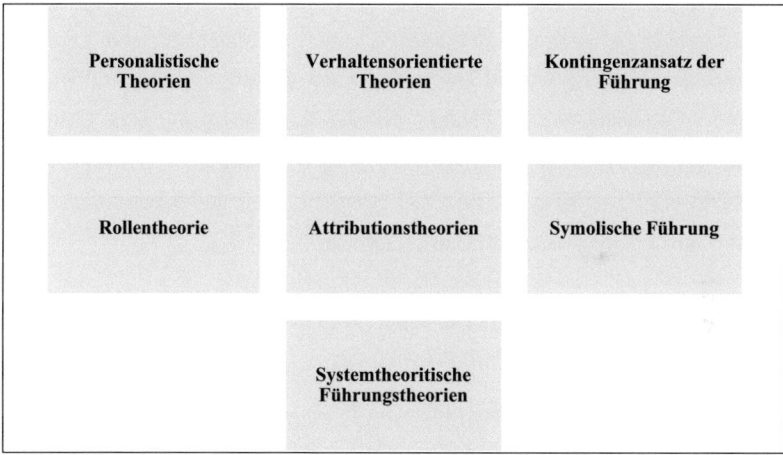

Abbildung 5: Übersicht der Führungstheorien (eigene Darstellung)[135]

Die personalistischen Theorien fokussieren ausschließlich auf Persönlichkeitsmerkmale der Führungskräfte, welche Führungserfolg beziehungsweise Misserfolg verursachen. Verhaltensorientierte Theorien besitzen die Grundannahme, dass ein bestimmtes Verhaltensmuster (Führungsstil) den Führungserfolg garantiert.[136]

---

[133] Kolb, Meinulf: Personalmanagement. Grundlagen und Praxis des Human Resource Management. Wiesbaden (Gabler) 2010, S. 413 und Blessin, Bernd und Alexander Wick: Führen und führen lassen. Konstanz (UVK Lucius) 2014, S. 42.
[134] Blessin, Bernd und Alexander Wick: Führen und führen lassen. Konstanz (UVK Lucius) 2014, S. 42.
[135] ebenda, S. 9ff und S. 42-45.
[136] ebenda, S. 9ff und S. 42.

Kontingenzansätze unterstellen, dass die Beziehung zwischen Führungsstil und Erfolg von situativen Umständen mit beeinflusst wird. So ist möglich, dass in verschiedenen Situationen ein bestimmter Führungsstil erfolgreich ist oder nicht. Bei der Rollentheorie steht die Führungskraft mit ihrer Rolle im Mittelpunkt, denn Erwartungen verschiedenster Rollensender (z.B. Kollegen, Geführte, Vorgesetzte) müssen erfüllt werden.[137] Attributionstheorien gehen davon aus, dass die Führungspersson das Verhalten der Geführten analysiert und entsprechend eigener Deutungsmuster die Einflüsse und deren Vernetzung erkennt, um daraus eigenes Handeln abzuleiten. Gleichermaßen analysieren die Geführten die Führungskraft und handeln dementsprechend. Die Attributionstheorien folgen der Annahme, dass Konstellationen und Prozesse einer Prüfprozedur unterliegen und einem Schema zugeordnet werden.[138] Bei der symbolischen Führung ist Führungserfolg darin begründet, dass der Führungskraft gelingt, zu vorhandenen Tatsachen den Geführten passende Deutungsangebote oder -vorgaben zu offerieren, so dass die Mitarbeiter diese Tatsachen (in unternehmensdienlicher Weise) interpretieren und dementsprechend ihr Verhalten ausrichten.[139] Systemtheorien der Führung vereinen zwei entgegengesetzte Elemente, zum einen das System in seiner Ganzheitlichkeit und Führung als Fremdbestimmung sowie individuelle Einwirkung. Mit dem Ziel, Personalführung und dessen Auswirkung, zu verstehen und Führungshandeln darauf aufzubauen.[140]

4.1.1 Eigenschaftstheorie - „Big Five" nach McCrea und Costa

Ältester Ansatz personalistischer Theorien ist die Eigenschaftstheorie der Führung. Grundannahme des Ansatzes ist, dass bestimmte Persönlichkeitsdispositionen (entweder angeboren oder erworben) der Führungskraft für den Erfolg der Führung verantwortlich sind.[141] Die sogenannten „Big Five" Persönlichkeitsmerkmale (Tab. 2) einer erfolgreichen Führungskraft von McCrae und Costa (1987) werden in der Literatur, als eigenschaftstheoretischer Ansatz, oft zitiert.[142]

---

[137] Blessin, Bernd und Alexander Wick: Führen und führen lassen. Konstanz (UVK Lucius) 2014, S. 9ff und S. 43.
[138] ebenda, S. 9ff und S. 44.
[139] ebenda, S. 9ff und S. 44.
[140] ebenda, S. 9ff und S. 44 und 203.
[141] Peters, Theo: Leadership. Traditionelle und moderne Konzepte. Mit vielen Beispielen. Wiesbaden (Springer Gabler) 2015, S. 20ff und Blessin, Bernd und Alexander Wick: Führen und führen lassen. Konstanz (UVK Lucius) 2014, S. 50-54.
[142] Rowold, Jens und Kai C. Bormann: Innovationsförderndes Human Resource Management. Grundlagen, Modelle und Praxis. Berlin (Springer Gabler) 2015, S. 13.

Dimension	Eigenschaften erfolgreicher Führungskräfte	Eigenschaften erfolgloser Führungskräfte
Extraversion	gesprächig, offen gesellig, abenteuerlustig, bestimmt, energisch	ruhig, verschwiegen, zurückgezogen, vorsichtig, scheu, gehemmt
Verträglichkeit	warm, gutmütig, kooperativ, freundlich, einfühlend	kalt, grob, misstrauisch, unfreundlich, rüde
Gewissenhaftigkeit	organisiert, kleinlich, gründlich, effizient, beharrlich, ordentlich, verantwortlich	desorganisiert, sorglos, oberflächlich, unpraktisch, unbeständig, schlampig, verantwortungslos
Emotionale Stabilität	unerschütterlich, beherrscht, entspannt, gefasst, ungestört, gelassen, emotional	launenhaft, nervös, angespannt, erregbar, ängstlich, reizbar, gefühllos
Offenheit	phantasievoll, komplex, unkonventionell, breite Interessen, intellektuell, kreativ	geistlos, einfach, konventionell, enge Interessen, nicht intellektuell, einfallslos

Tabelle 2: "Big Five" Persönlichkeitsmerkmale einer Führungskraft nach McCrea und Costa (eigene Darstellung)[143]

Bestätigt wurde in zahlreichen Studien,[144] dass ein unmittelbarer Zusammenhang zwischen Persönlichkeitseigenschaften der Führungskraft und Führungserfolg existiert.[145] Zu den Kritikpunkten der eigenschaftstheoretischen Ansätze gehören nach Schanz (2000) und Lieber (2007), dass Verhalten der Führungsperson nicht allein durch Charaktereigenschaften erklärbar ist. Der Zusammenhang zwischen Führungseigenschaft, Leistung und Zufriedenheit der Mitarbeiter nicht signifikant widergespiegelt wird. Der Einfluss der geführten Personen wird bei diesem Ansatz vollkommen vernachlässigt.[146]

4.1.2 Verhaltensorientierte Ansatz - Die Führungsstile nach K. Lewin

Der Führungsstil bezeichnet ein dauerhaftes und immer wiederkehrendes Verhaltensmuster einer Führungskraft, einschließlich der dazugehörigen persönlichen Grundeinstellung des Menschen. Abzugrenzen ist davon der Begriff des Führungsverhaltens, welcher ein konkretes Verhalten einer Führungsperson in einer

---

[143] Rowold, Jens und Kai C. Bormann: Innovationsförderndes Human Resource Management. Grundlagen, Modelle und Praxis. Berlin (Springer Gabler) 2015, S. 13 und Blessin, Bernd und Alexander Wick. Führen und führen lassen. Konstanz (UVK Lucius) 2014, S. 51 sowie Berthel, Jürgen und Fred G. Becker: Personal-Management. Grundzüge für Konzeptionen betrieblicher Personalarbeit. Stuttgart (Schäffer-Poeschel) 2013, S. 93.
[144] Zu den Studien gehören die Untersuchungen von Stogdill (1948/ 1974), Korman (1968), Ghiselli (1966), Bass (1981), Lord et al. (1986), Fleishman/ Zaccaro/ Mumford (1991), Kirkpatrick/ Locke (1991) und Lord/Hall (1992). Blessin, Bernd und Alexander Wick: Führen und führen lassen. Konstanz (UVK Lucius) 2014, S. 51.
[145] ebenda, S. 51.
[146] Peters, Theo: Leadership. Traditionelle und moderne Konzepte. Mit vielen Beispielen. Wiesbaden (Springer Gabler) 2015, S. 22.

41

bestimmten Situation bezeichnet.[147] Im Bereich der Forschung des Personalmanagements wurde versucht, Führungsstile mit ihren idealtypischen Ausprägungen und Merkmalen zu beschreiben.[148] Klassische Führungsstile gehen auf die Studie von Lewin, Lippitt und White aus dem Jahr 1939 zurück. In den bekannten Iowa-Studies[149] (durchgeführt an der Universität von Iowa), wurde der Zusammenhang zwischen autoritärem, laissez-fairem und demokratischem Führungsverhalten bezüglich der Aspekte Arbeitsklima, Kreativität und Produktivität untersucht.[150]

Autoritärer Führungsstil

Bei diesem Führungsstil ist die Führungskraft der alleinige Entscheidungsträger, erteilt direkte Anweisungen, welche nicht erläutert oder begründet werden. Das Verhalten der führenden Person ist geprägt von einer hohen persönlichen Distanz zu den Mitarbeitern und kontinuierlichen Kontrolle des Verhaltens, der Arbeitsprozesse sowie den Ergebnissen der Arbeit.[151] Autoritäre Führungspersönlichkeiten sehen sich selbst als wichtigste Person im Team, entscheiden allein und tragen Verantwortung für Erfolg bzw. Misserfolg. Macht wird als Verfügungsgewalt über andere Personen begriffen, mit dem oberstem Ziel sich selbst und dem Unternehmen zum Erfolg zu verhelfen.[152] Die Handlungsvollmacht ergibt sich aus der Position im hierarchischen System.[153] Eine autoritäre Führungsperson strebt nach absoluter Sicherheit und Voraussagbarkeit mit der Folge, dass eine absolute Kontrolle der Mitarbeiter notwendig ist.

Nur die Führungskraft selbst weiß, was sie leisten will und zu leisten vermag.[154] Damit autoritäres Führen erfolgreich ist, muss die führende Person unter anderem folgende Anforderungen erfüllen: höchste fachliche Kompetenz, genaue Kenntnis des Zielkontextes, Wissen über Hindernisse und dessen Bewältigung, Realisierung

---

[147] Kolb, Meinulf: Personalmanagement. Grundlagen und Praxis des Human Resource Management. Wiesbaden (Gabler) 2010, S. 410f.

[148] Beck, Christian und Doris Klafl: Menschen und Arbeitsaspekte in der Organisation Krankenhaus. Fokus Arbeitsmotivation, Coaching, Führung. Hamburg (Dimplomica) 2013, S. 152.

[149] Bei den Untersuchungen an Jugendlichen aus den USA wurde herausgefunden, dass Schüler mit dem demokratischen Führungsstil zufriedener waren und bei autoritär geführten Gruppen ein aggressives Klima entstand. Beim autoritären Führungsstil war die Leistung bei Anwesenheit „des Führenden" höher und bei demokratisch geführten Gruppen war die Leistung bei Abwesenheit „des Führenden" höher. von Rosenstiel, Lutz, Erika Regnet und Michel E. Domsch (Hrsg.): Führung von Mitarbeitern. Handbuch für erfolgreiches Personalmanagement. Stuttgart (Schäffer-Poeschel) 2014, S. 9.

[150] Blessin, Bernd und Alexander Wick: Führen und führen lassen. Konstanz (UVK Lucius) 2014, S. 101f.

[151] ebenda, S. 102.

[152] Mahlmann, Regina: Führungsstile gezielt einsetzen. Mitarbeiterorientiert, situativ und authentisch führen. Weinheim (Beltz) 2011, S. 17.

[153] Berthel, Jürgen und Fred G. Becker: Personal-Management. Grundzüge für Konzeptionen betrieblicher Personalarbeit. Stuttgart (Schäffer-Poeschel) 2013, S. 173.

[154] Mahlmann, Regina: Führungsstile gezielt einsetzen. Mitarbeiterorientiert, situativ und authentisch führen. Weinheim (Beltz) 2011, S. 17.

absoluter Kontrolle, hohe Belastbarkeit, hochgradiges Engagement, Mut, sehr präzise Ausdrucksweise, Wissen über Mittel und Wege die zum Ziel führen sowie Durchsetzungsvermögen.[155] Insgesamt betrachtet, ist das Verhalten eines Vorgesetzten der autoritär führt sehr verfahrensorientiert, konfliktbegünstigend, statusorientiert sowie egozentrisch.[156]

Laissez-Fairer Führungsstil

Laissez-fairers Führen kann unterschiedliche Motivationshintergründe besitzen. Einerseits kann sich bewusst für diesen Führungsstil entschieden werden, um Selbstverantwortung des Teams zu fördern, andererseits kann Gleichgültigkeit und fehlender Mut zur Führung der Grund eines laissez-fairen Stils darstellen.[157] Dieser Führungsstil ist von einer passiven Führungskraft geprägt. Der Vorgesetzte stellt die sachlichen Arbeitsbedingungen bereit und greift nicht in die Handlungsprozesse der Teammitglieder ein.[158] Entscheidungen werden dem Team oder einzelnen Gruppenmitgliedern überlassen. Diese Entscheidungsautonomie birgt potentiell ein hohes Verantwortungspotenzial für die Mitarbeiter.[159] Wird davon ausgegangen, dass bewusst laissez-faire geführt wird, stellt das hohe Ansprüche an den Vorgesetzten. Erfolgsdeterminanten dieses Führungsstils sind Selbstverantwortung und hohe Leistungsfähigkeit des zu führenden Personals. Die Führungskraft muss Potentiale jedes einzelnen Mitarbeiters entwickeln, fördern und fordern. Individuelle Potentialentwicklung setzt ein hohes Maß an Kommunikations- und Kooperations-bereitschaft seitens des Vorgesetzten voraus.[160]

Andererseits existieren Voraussetzungen, welche Mitarbeiter besitzen müssen um einen laissez-fairen Führungsstil erfolgreich anwenden zu können. Dazu gehören beispielsweis intrinsische Motivation des Personals, Streben nach Mitbestimmung, Willen Entscheidungen zu treffen und Verantwortung zu übernehmen sowie hohe

---

[155] ebenda, S. 16.
[156] Scholz, Christian: Personalmanagement. Informationsorientierte und verhaltenstheoretische Grundlagen. München (Vahlen) 2014, S. 983.
[157] Frey, Dieter und Lisa Schmalzried: Philosophie der Führung. Gute Führung lernen von Kant, Aristoteles, Popper & Co. Berlin (Springer) 2013, S.39f.
[158] Berthel, Jürgen und Fred G. Becker: Personal-Management. Grundzüge für Konzeptionen betrieblicher Personalarbeit. Stuttgart (Schäffer-Poeschel) 2013, S. 173.
[159] Dietzfelbinger, Daniel: Praxisleitfaden Unternehmensethik. Kennzahlen, Instrumente, Handlungsempfehl-ungen. Wiesbaden (Springer Gabler) 2015, S. 133.
[160] Mahlmann, Regina: Führungsstile gezielt einsetzen. Mitarbeiterorientiert, situativ und authentisch führen. Weinheim (Beltz) 2011, S. 62-66.

Ansprüche an die eigene Leistungsfähigkeit.[161] Ist der laissez-faire Stil aber Folge von fehlender Führungsverantwortung oder Verweigerung von Führungsentscheidungen seitens des Vorgesetzten, wird vom destruktivem Führungsverhalten gesprochen.[162]

Kooperativer/ demokratischer Führungsstil

Beim kooperativem beziehungsweise demokratischem Führungsstil respektiert der Vorgesetzte die Mitarbeiter als gleichberechtigt.[163] Führungskräfte die diesen Stil verfolgen besprechen Aufgaben und Zielstellungen, lassen Abstimmungen bzw. Absprachen untereinander zu, tolerieren Vorschläge und delegieren Teilaufgaben. Der Bewertungsmaßstab für die Arbeit ist für jeden Angestellten offengelegt. Die Führungskraft bietet den zu Führenden Beratung und Unterstützung bei der Aufgabenbewältigung an.[164] Im Vordergrund stehen ein partnerschaftliches und gleichberechtigtes Verhältnis zwischen Vorgesetztem und zu führendem Personal. Die Mitarbeiter besitzen ein hohes Maß an Entscheidungs- und Handlungsautonomie bei der Erledigung ihrer Aufgaben.[165]

4.1.3 Verhaltensorientierter Ansatz - Führungsstile nach M. Weber

Im Rahmen verhaltenstheoretischer Ansätze und dem Versuch zu beantworten, welches Verhalten einer Führungskraft erfolgsversprechend ist, beschrieb Max Weber (1972) „Idealtypen legaler Herrschaft" und differenzierte vier Führungsstile (Tab. 3).[166]

---

[161] Mahlmann, Regina: Führungsstile gezielt einsetzen. Mitarbeiterorientiert, situativ und authentisch führen. Weinheim (Beltz) 2011, S. 73f.
[162] von der Oelsnitz, Dietrich und Jürgen Weibler (Hrsg.): Führungsethik in Organisationen. Stuttgart (Kohl-hammer) 2012, S. 44f.
[163] Mahlmann, Regina: Führungsstile gezielt einsetzen. Mitarbeiterorientiert, situativ und authentisch führen. Weinheim (Beltz) 2011, S. 36.
[164] Blessin, Bernd und Alexander Wick: Führen und führen lassen. Konstanz (UVK Lucius) 2014, S. 102.
[165] Beck, Christian und Doris Klafl: Menschen und Arbeitsaspekte in der Organisation Krankenhaus. Fokus Arbeitsmotivation, Coaching, Führung. Hamburg (Diplomica) 2013, S. 155.
[166] Holtbrügge, Dirk: Personalmanagement. Berlin (Springer Gabler) 2015, S.239.

	Autokratisch	Patriarchalisch	Charismatisch	Bürokratisch
Menschenbild/ Mitarbeiter werden behandelt als...	Maschinen	Kinder	Jünger	Nummern
Motivationsschw erpunkt	Angst und Zwang	Abhängigkeit	Bewunderung und Identifikation	Anweisungen und Vorschriften
Basis der Macht und Autorität	Positionsmacht	Treuepflicht und Versorgungs- pflicht	persönliche Ausstrahlung	Hierarchie
Entscheidungs- durchsetzung	Befehl	Weisungen und Vorschriften	Überzeugung	anonyme Regeln und Strukturen
Information	von oben	wohlwollend von oben	persönlich von oben	formell von oben nach unten
Kontrolle durch	Fremdkontrolle	persönlich durch Patriarchen	soziale Kontrolle	Berichte/ Überprüfung

Tabelle 3: Führungsstile nach Weber (eigene Darstellung)[167]

In der obiger Tabelle sind die vier Führungsstile mit ihren Eigenschaften dargestellt, daraus lässt sich erkennen, dass der autoritäre Führungsstil nach Lewin und der autokratische Stil nach Weber in ihren Eigenschaften sehr ähnlich sind. Alle Stile nach Weber verfolgen kein komplexes Menschenbild (Kapitel 4.5.1) und die Führungskraft verfügt über viel Macht, welche bei der Entscheidungsdurchsetzung auch im starkem Maß genutzt wird. Die Bewegung zur Zielerreichung erfolgt nicht über Motivation, vielmehr agiert das Personal aus Angst, Zwang, Abhängigkeit und Anweisungen.

4.1.4 Verhaltensorientierter Ansatz - Kontinuum nach Tannenbaum/ Schmidt

Robert Tannenbaum und Warren Schmidt (1958) haben ein Kontinuum beschrieben, dass sich zwischen autoritärem und partizipativem Führungsstil bewegt.[168] Im Kontinuum sind sieben Führungsstile (Abb. 6) definiert.

---

[167] ebenda, S.239.
[168] Scholz, Christian: Personalmanagement. Informationsorientierte und verhaltenstheoretische Grundlagen. München (Vahlen) 2014, S. 1123.

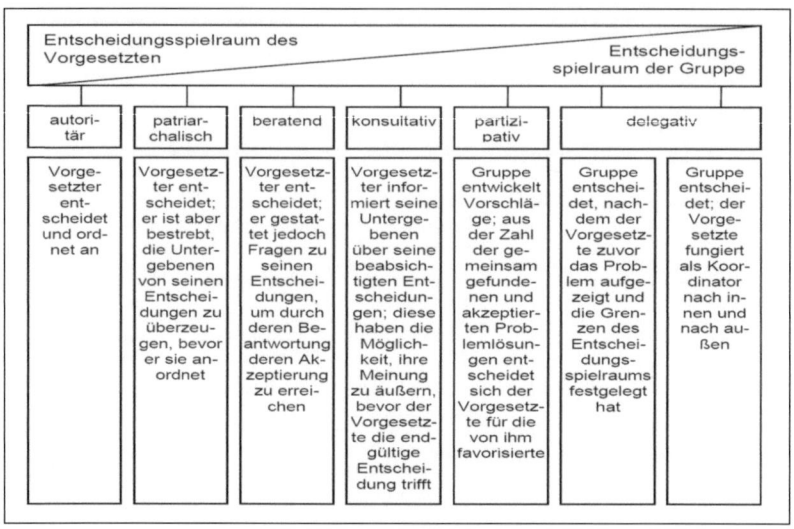

Abbildung 6: Führungsstilkontinuum nach Tannenbaum und Schmidt[169]

Die Führungsstile variieren zwischen den Extremformen der Alleinentscheidung durch den Vorgesetzten und der autonomen Entscheidung durch die Gruppe. Abhängig ist, der zu wählende Führungsstil, von den Charaktereigenschaften der Führungskraft, den Charakteristika der zu führenden Mitarbeiter und den Führungssituationen. Diesem Ansatz liegen Plausibilitätsüberlegungen zu Grunde, jedoch wurde das Führungsstilkontinuum nicht empirisch getestet.[170] Nicht geprüft ist, welcher Führungsstil in einer bestimmten Situation angemessen wäre.[171] Deutlich wird in diesem Modell, die unterschiedliche Partizipationsorientierung der Mitarbeiter. Aus Untersuchungen von Fittkau-Garthe (1971) ging hervor, dass Partizipation des zu führenden Personals eine Identifikation mit dem Unternehmen und dessen Zielen begünstigt, die Qualifikation von Angestellten fördert und Mitarbeitsbereitschaft in Widerstandsprozessen positiv beeinflusst. Nach Fittkau-Garthe hat das indirekt Wirkung auf Arbeitszufriedenheit und -leistung.[172]

[169] Holtbrügge, Dirk: Personalmanagement. Berlin (Springer Gabler) 2015, S.229.
[170] ebenda, S.228.
[171] Scholz, Christian: Personalmanagement. Informationsorientierte und verhaltenstheoretische Grundlagen. München (Vahlen) 2014, S. 1124.
[172] von Rosenstiel, Lutz, Erika Regnet und Michel E. Domsch (Hrsg.): Führung von Mitarbeitern. Handbuch für erfolgreiches Personalmanagement. Stuttgart (Schäffer-Poeschel) 2014, S. 12f.

4.1.5 Verhaltensorientierter Ansatz - Verhaltensgitter nach Blake/ Mouton

Das Verhaltensgitter (managerial grid) von Robert Blake und Jane Mouton (1968) erlaubt eine kurze Charakterisierung der wichtigsten Führungsstilvarianten und gehört zu den populärsten Führungsstilmodellen. Das Managerial Grid besteht aus den zwei Dimensionen Mitarbeiterorientierung und Sach-/ Leistungsorientierung. Für die Ausprägungen werden neunstufige Skalen verwendet und auf fünf von 81 verschiedenen Führungsstilen fokussiert (Abb. 7). Das Verhaltensgitter verlangt implizit die gleichzeitige Anwendung eines mitarbeiterorientierten und sach-/ leistungsorientierten Führungsstils.[173]

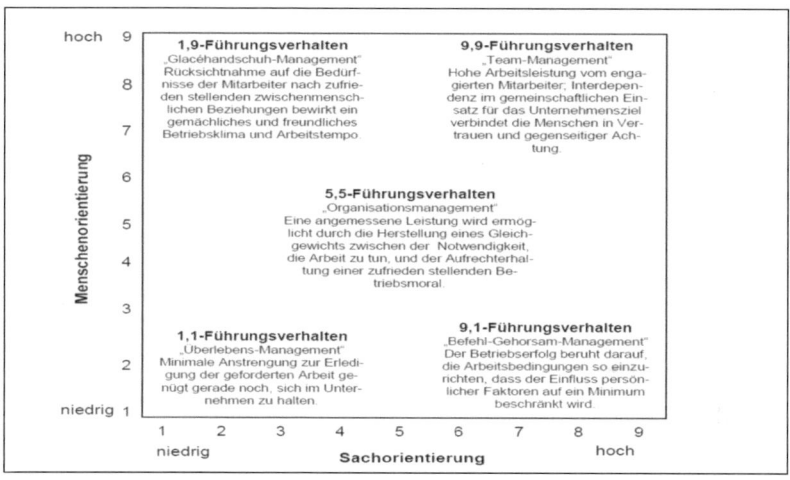

Abbildung 7: Managerial grid (Verhaltensgitter) nach Blake und Mouton[174]

Die in Abb. 7 aufgezeigten fünf Führungsstile wurden von Blake und Mouton ausführlich beschrieben, demnach ist Führungsverhalten 9/9 erfolgsversprechend, Führungsverhalten 9/1 pessimistisch, Führungsverhalten 5/5 unpraktisch, Führungsverhalten 1/9 zu idealistisch und Führungsverhalten 1/1 unmöglich.[175] Ein häufiger Kritikpunkt des Modells ist, dass der optimale Führungsstil nicht von situativen Variablen abhängig ist, vielmehr gilt er als allgemeingültig festgelegt.[176]

---

[173] Scholz, Christian: Personalmanagement. Informationsorientierte und verhaltenstheoretische Grundlagen. München (Vahlen) 2014, S. 1137.
[174] Holtbrügge, Dirk: Personalmanagement. Berlin (Springer Gabler) 2015, S.240.
[175] Scholz, Christian: Personalmanagement. Informationsorientierte und verhaltenstheoretische Grundlagen. München (Vahlen) 2014, S. 1139f.
[176] Holtbrügge, Dirk: Personalmanagement. Berlin (Springer Gabler) 2015, S.242.

4.1.6 Transaktionale und transformationale Führung

Die Ansätze der transaktionalen und transformationalen Führung (Abb. 8) werden momentan am häufigsten von allen Ansätzen empirisch untersucht. Die beiden Führungsansätze basieren im wesentlichem auf den Erkenntnissen von James McGregor Burns (1978). Seine Untersuchungen brachten im Ergebnis die Unterscheidung zwischen transaktionalem und transformationalem Führungsstil hervor.[177] Der Unterschied liegt in der Art der Beziehung zwischen Führungskraft und den Geführten. Transaktionale Vorgesetzte sind vorrangig vom Streben nach Wertaustausch (z. B. Gehalt gegen Leistung) gekennzeichnet. Transformationale Führende zeigen dem Mitarbeiter einen Arbeitssinn auf, motivieren, vermitteln Visionen, kommunizieren überzeugend und berücksichtigen Bedürfnisse des Personals.[178] Bass (1985) übernahm das Konzept von Burns und benennt zwei charakteristische Verhaltensdimensionen für den transaktionalen Führungsstil. Die zwei Verhaltensdimensionen sind verhaltens- und ergebnisbezogene Belohnung[179] sowie Management by Exception (Kapitel 6.2). Zum transformationalem führen gehören nach Bass, Charisma (Mitarbeiter vertrauen der Führungskraft), inspirierende Motivation (Vorgesetzter vermittelt hohe Erwartungen an Mitarbeiter), intellektuelle Stimulation (Animation des Personals zur Kreativität und Innovation) und das individualisierte Eingehen auf die Geführten (Führungsperson hat ein persönliches Interesse an den Mitarbeiterbedürfnissen).[180]

---

[177] Rowold, Jens: Human Resource Management. Lehrbuch für Bachelor und Master. Berlin (Springer Gabler) 2015, S. 189f.
[178] ebenda, S. 190.
[179] Die Führungskraft stellt bei Aufgabenerfüllung die notwendigen Belohnungen für den Mitarbeiter zur Verfügung z. B. Gehalt, Lob etc.
[180] von der Oelsnitz, Dietrich und Jürgen Weibler (Hrsg.): Führung, Macht und Vertrauen in Organisationen. Stuttgart (Kohlhammer) 2006, S. 32f.

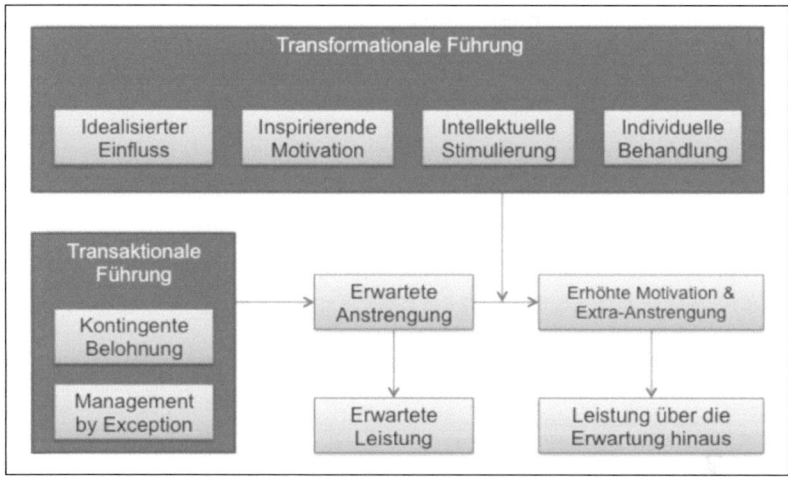

Abbildung 8: Transaktionale und Transformationale Führung nach Bass/ Aviolio (1994)[181]

Transaktionale Führung führt zur erwarteten Anstrengung und zum erwarteten Erfolg. Bei der transformationalen Führung kommt es zur erhöhten Motivation der Mitarbeiter und demnach zum Erfolg welcher die Erwartungen übertrifft (Augmentationsthese von Bass/ Aviolio).[182] Die Augmentationsthese wurde durch Meta-Studien von Geyer/Steyrer (1998) und Lowe/Kroeck/Sivasubramaniam (1993) gestützt und bestätigt.[183]

4.1.7 Kontingenzansatz - 3-D-Theorie nach W.J. Reddin

Reddin´s Kontingenzansatz (1967; 1981) bringt die drei Komponenten Führungserfolg, Führungssituation sowie Führungsverhalten zusammen, deshalb wird dieses Modell als 3-D-Theorie bezeichnet. Vier Grundstile (Verfahrens-, Beziehungs-, Aufgaben- und Integrationsstil) in zwei Ausprägungen (niedrige und hohe Effektivität) werden klassifiziert.[184] In Betrachtung der Abhängigkeit von situationsabhängigen Variablen (z. B. Arbeitsweise, Führungskräfte, Kollegen, Organisationsklima etc.) können nach dieser Theorie alle vier Führungsstile effektiv sein.

[181] Schmidt, Burkhard: Transformationale und transaktionale Führung als erfolgreicher Führungsstil für Leistung und Gesundheit? Eine kritische Überprüfung des „Full Range of Leadership"-Konzeptes für das betriebliche Gesundheitsmanagement. Dortmund, Technische Universität, Fakultät Theologie und Humanwissenschaften, Dissertation, 2011, S. 106. pdf-Datei: https://eldorado.tu-dortmund.de/bitstream/2003/29392/1/Dissertation.pdf. Zugriff am: 13.6.2017.
[182] Scholz, Christian: Personalmanagement. Informationsorientierte und verhaltenstheoretische Grundlagen. München (Vahlen) 2014, S. 1168f.
[183] ebenda, S. 1172f.
[184] ebenda, S. 1139.

Die Differenzierung zwischen uneffektiven und effektiven Dimensionen liegt in der Kombination vom Verhalten der Führungskraft und Führungssituation (Abb. 9).[185] Beim **Verfahrensstil** liegt die Priorität auf Vorschriften, standardisierten Verfahren, Regeln, Dienstvorschriften und Ordnungen. Sind Aufgabenanforderungen eindeutig und wird dieser Führungsstil angewendet, so ist dieser Stil beim „Bürokraten" effektiv. Erfordert die Situation jedoch eine dynamische Anpassung und Flexibilität ist der Verfahrensstil uneffektiv, wenn der „Kneifer" sich auf starre Vorschriften beruft.[186] Wendet eine Führungsperson den **Beziehungsstil** an und tendiert zum Konfliktvermeidungsverhalten (gibt somit die Führung auf) spricht Reddin vom „Gefälligkeitsapostel". Der „Förderer" hingegen initiiert, motiviert, delegiert und schafft ein förderliches Arbeitsklima.[187] Beim **Aufgabenstil** ist das Verhalten des Vorgesetzten ausschließlich auf Arbeitsleistung fokussiert. Der „Macher" setzt realistische sowie herausfordernde Ziele für den Mitarbeiter und überzeugt sein Personal durch eigenes Fachwissen.[188] Das Verhalten des „Autokraten", ist durch mangelndes Vertrauen und Druckausübung auf die zu Führenden geprägt. Der Aufgabenstil beruht vor allem auf Positionsmacht des Vorgesetzten.[189] Der **Integrationsstil** ist durch Gleichwertigkeit der Aufgaben- und Beziehungsorientierung gekennzeichnet. Ein „Kompromissler" Vorgesetzter kann Unternehmens- und Mitarbeiterziele nicht in Einklang bringen, ist entscheidungsscheu und somit steigt die Bearbeitungszeit und die zu Führenden werden demotiviert. Die „Integrierer" unter den Führungskräften wissen differenzierte Bedürfnisse und Qualifikation des Personals produktiv zu nutzen.[190]

---

[185] Scholz, Christian: Personalmanagement. Informationsorientierte und verhaltenstheoretische Grundlagen. München (Vahlen) 2014, S. 1139f.
[186] ebenda, S. 1139 und Holtbrügge, Dirk: Personalmanagement. Berlin (Springer Gabler) 2015, S.242f.
[187] Scholz, Christian: Personalmanagement. Informationsorientierte und verhaltenstheoretische Grundlagen. München (Vahlen) 2014, S. 1140.
[188] Holtbrügge, Dirk: Personalmanagement. Berlin (Springer Gabler) 2015, S.243.
[189] ebenda, S.243 und Scholz, Christian: Personalmanagement. Informationsorientierte und verhaltenstheoretische Grundlagen. München (Vahlen) 2014, S. 1140.
[190] ebenda, S.243 und Scholz, Christian: Personalmanagement. Informationsorientierte und verhaltenstheoretische Grundlagen. München (Vahlen) 2014, S. 1140.

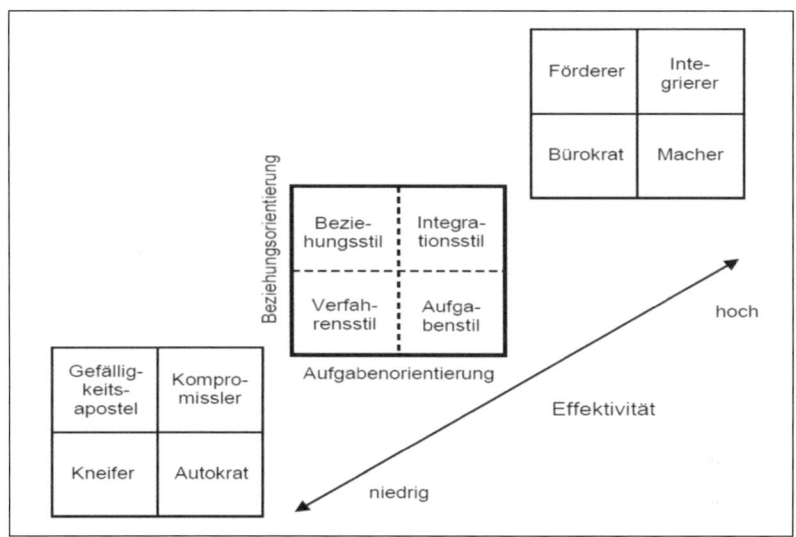

Abbildung 9: 3-D-Modell nach Reddin[191]

Stärke dieser Theorie liegt im situativen Ansatz, jedoch ist die empirische Überprüfbarkeit dieser Theorie bisher sehr schwierig.[192]

4.1.8 Rollentheoretischer Ansatz - Die Führungsrollen

Für gruppendynamische Prozesse (z. B. Phasen der Gruppenbildung - Forming, Storming, Norming und Performing) ist das sogenannte Rollengefüge von großer Bedeutung. Wichtigste Aufgabe der Führungskräfte ist Konkretisierung ihrer eigenen Stellung in der Gruppe,[193] das bedeutet eine Präzisierung der eigenen Rolle und Machtstruktur.[194] Als Rolle wird die Summe aller Erwartungen,[195] die an einen Inhaber einer Position gerichtet sind, bezeichnet.[196]

---

[191] Holtbrügge, Dirk: Personalmanagement. Berlin (Springer Gabler) 2015, S.242.

[192] Scholz, Christian: Personalmanagement. Informationsorientierte und verhaltenstheoretische Grundlagen. München (Vahlen) 2014, S. 1141.

[193] Die Gruppe ist definiert als eine Personenmehrzahl, die über einen längeren Zeitraum im direkten Kontakt steht und Rollen heraus differenzieren. In einer Gruppe werden gemeinsame Normen entwickelt und somit eine Kohäsion besteht. Nerdinger, Friedmann W., Gerhard Blickle und Niclas Schaper: Arbeits- und Organisationspsychologie. Berlin (Springer) 2014, S. 104.

[194] Scholz, Christian: Personalmanagement. Informationsorientierte und verhaltenstheoretische Grundlagen. München (Vahlen) 2014, S. 1004-1008.

[195] Erwartungen werden von verschiedenen Anspruchsgruppen gestellt. Im Führungskontext sind diese Anspruchsgruppen beispielsweise Kollegen, nächsthöhere Vorgesetzte, Behörden, Lieferanten, Patienten, Angehörige etc. Berthel, Jürgen und Fred G. Becker: Personal-Management. Grundzüge für Konzeptionen betrieblicher Personalarbeit. Stuttgart (Schäffer-Poeschel) 2013, S. 137f.

[196] Nerdinger, Friedmann W., Gerhard Blickle und Niclas Schaper: Arbeits- und Organisationspsychologie. Berlin (Springer) 2014, S. 628.

Für das Rollenverständnis im Führungskontext sind drei Gesichtspunkte wichtig. Welches Verhalten erwarten die Mitarbeiter von ihrem Vorgesetzten, wie nimmt die Führungskraft die eigene Rolle wahr und wie erfolgt tatsächlich die Realisierung.[197] Bei der Rollendifferenzierung werden eine vertikale und horizontale Dimension unterschieden. Die vertikale Dimension umfasst die Komponenten Einfluss und Macht. In Gruppen bilden die Geführten untereinander verschiedene Rollen aus (z. B. Mitläufer, Spezialisten, Außenseiter etc.), das ist die horizontale Dimension.[198] Im Zusammenhang von Führungsrollen werden in der einschlägigen Literatur die zehn Rollentypen von Mintzberg (1973) oft zitiert (Tab. 4).[199]

Interpersonale Rollen	Informationelle Rollen	Entscheidungsrollen
Repräsentator	Beobachter	Unternehmer
Führer	Verteiler	Störungsregler
Verbindungsmann	Sprecher	Ressourcenverteiler
		Verhandler

Tabelle 4: Führungsrollen nach Mintzberg (eigene Darstellung)[200]

Eine ähnliches und bekanntes Konzept der Rollentypologie sind die neun Rollentypen von Belbin (1993). Annähernd wie Mintzberg formulierte Belbin folgende Führungsrollen:[201]

Koordinator, Umsetzer, Macher, Erfinder, Weichensteller, Beobachter, Teamworker, Perfektionist und Spezialist.

Rollen prägen die Teamstruktur und grundlegendes Verhalten der Gruppe. Im Ergebnis wird Motivation sowie Zielstellung des einzelnen Mitarbeiters und des Führenden beeinflusst. Durch unvermeidbare, gleichzeitige Ausübung mehrerer Führungsrollen besteht die Gefahr von Rollenkonflikten, welche wiederum auf alle Mitglieder einer Gruppe wirken.[202]

[197] Scholz, Christian: Personalmanagement. Informationsorientierte und verhaltenstheoretische Grundlagen. München (Vahlen) 2014, S. 1007.
[198] Nerdinger, Friedmann W., Gerhard Blickle und Niclas Schaper: Arbeits- und Organisationspsychologie. Berlin (Springer) 2014, S. 106.
[199] Werkmann-Karcher, Birgit und Jack Rietiker (Hrsg.): Angewandte Psychologie für das Human Resource Management. Konzepte und Instrumente für ein wirkungsvolles Personalmanagement. Berlin (Springer) 2010, S. 346, Blessin, Bernd und Alexander Wick: Führen und führen lassen. Konstanz (UVK Lucius) 2014, S. 160f und Kaehler, Boris: Komplementäre Führung. Ein praxiserprobtes Modell der Personalführung in Organisationen. Wiesbaden (Springer Gabler) 2017, S. 51.
[200] Blessin, Bernd und Alexander Wick: Führen und führen lassen. Konstanz (UVK Lucius) 2014, S. 160f
[201] Scholz, Christian: Personalmanagement. Informationsorientierte und verhaltenstheoretische Grundlagen. München (Vahlen) 2014, S. 1007.
[202] ebenda, S. 1003 und 1008.

4.2 Macht und Vertrauen in Unternehmen

Zwei wesentliche Faktoren, die zwischenmenschliche Beziehungen der Mitarbeiter in Unternehmen prägen und beeinflussen sind Macht von Personen und Vertrauen in Personen. Zur Regelung der Zusammenarbeit in Unternehmen werden Organisationsstrukturen und Arbeitsprozesse benötigt, diese benötigen Macht und/ oder Vertrauen, um die Einhaltung aufgestellter Regeln und Zielstellungen zu gewährleisten.[203]

4.2.1 Die Rolle der Macht bei der Personalführung

Ein wichtiger Begriff, der stets mit Personalführung assoziiert wird ist Macht.[204] In Unternehmen basiert Macht vorrangig auf einer legitim zustande gekommenen Ordnung. Als Machtquellen/ -grundlagen wird zwischen formaler und informeller Macht unterschieden.[205] Eine eher konträre Sichtweise zur Macht zeigen Blessin und Wick auf, demnach ist Macht weniger ein Besitzstand sondern ein Beziehungsphänomen. Somit entsteht Macht durch die Zuschreibung oder Gestehen der Überlegenheit einer Person X und suggeriert der anderen Person Y, die eigene Situation zu kontrollieren.[206] Die Definition von Max Weber wird oft zitiert. So kann Macht als Chance in sozialen Beziehungen gesehen werden, den eigenen Willen auch gegen Willen der anderen Person(en) durchzusetzen.[207] Macht kann auch existieren ohne (positiv/ negativ) genutzt zu werden und stellt somit eher eine Ressource für die Führungskraft dar. Zwischen Macht und Abhängigkeit besteht ein Zusammenhang. Je größer die Abhängigkeit[208] einer Person X, zu einer anderen Person Y, umso größer ist die Macht der Person Y. Machtverhältnisse sind nur dann nachhaltig existent, wenn der Machtinhaber innerhalb seiner zugesprochenen Machtposition in der Gruppe agiert. Somit ist Macht nur bis zu einem bestimmten Maß erzwingbar (so lange sie von den Gruppenmitgliedern toleriert wird) und führt meistens zu Ängsten und Unzufriedenheit bei Mitarbeitern.[209]

---

[203] von der Oelsnitz, Dietrich und Jürgen Weibler (Hrsg.): Führung, Macht und Vertrauen in Organisationen. Stuttgart (Kohlhammer) 2006, S. 15-18.
[204] Rowold, Jens: Human Resource Management. Berlin (Springer Gabler) 2015, S. 39.
[205] Scholz, Christian: Personalmanagement. Informationsorientierte und verhaltenstheoretische Grundlagen. München (Vahlen) 2014, S. 1004f.
[206] Blessin, Bernd und Alexander Wick: Führen und führen lassen. Konstanz (UVK Lucius) 2014, S. 448f.
[207] Weber, Max: Grundriss der Sozialökonomik. III. Abteilung. Wirtschaft und Gesellschaft. Tübingen (Eigenverlag) 1922, S. 50. pdf-Datei: http://www.unilibrary.com/ebooks/Weber,%20Max%20-%20Wirtschaft%20und%20Gesellschaft.pdf. Zugriff am: 21.4.2017.
[208] Unter Abhängigkeit wird verstanden, dass Person Y etwas materielles/ immaterielles besitzt, was Person X sich wünscht oder benötigt.
[209] Rowold, Jens: Human Resource Management. Berlin (Springer Gabler) 2015, S. 39-42.

Macht kann von jedem Mitarbeiter ausgeübt werden, ist stark von der Persönlichkeit einer Person abhängig und wird von Unternehmenspolitik und Kommunikationsprozessen beeinflusst. In Bezug auf den Zusammenhang zwischen Führung und Macht erscheint die Aussage von Magee et al. sehr plausibel.[210] Demnach besitzen alle erfolgreichen Führungspersönlichkeiten Macht, jedoch sind nicht alle Machtinhaber auch Führer.[211] Das verdeutlicht den Zusammenhang zwischen Führung und Macht. Die beiden Begriffe können keinesfalls isoliert voneinander betrachtet werden. Weiterhin ist für einen Vorgesetzten obligat, diesen Zusammenhang zu kennen. Der Machtinhaber ist stets bestrebt seine Macht beizubehalten und nicht abzugeben.[212] Wird vom vorangestellten Sachverhalt ausgegangen, so werden Verhaltensweisen einer Führungskraft in bestimmten Situationen nachvollziehbar.

Formelle Macht resultiert aus der Position beziehungsweise Stellung und ist nicht personenbezogen. Vielmehr resultiert formale Macht aus den Organisationsregelungen oder der Gesetzgebung.[213] Hierzu zählen beispielsweise Arbeitsvertrag, Betriebsvereinbarungen, Stellenbeschreibungen, Hierarchie des Unternehmens, Berufsverordnungen etc. Daraus entsteht die Befugnis auf andere Personen mittels Arbeitsanweisungen, Kontrolle, Informationsfluss, Aufgabenverteilung sowie Belohnung oder Bestrafung Einfluss zu nehmen. Die sogenannte Positionsmacht ist ein häufig genutztes Mittel um Macht gegenüber Mitarbeiter auszuüben.[214] Organisationsregelungen in Unternehmen sind für das Funktionieren der Arbeitsabläufe unerlässlich, jedoch besteht die Gefahr der Zielverschiebung.[215]

Informelle Macht ist personenbezogen und resultiert aus Eigenschaften wie beispielsweise Erfahrung, Wissen, Charisma oder Kompetenz. Diese Machtform ergibt sich im Zeitverlauf und ist daher von geringer Sichtbarkeit sowie

---

[210] von der Oelsnitz, Dietrich und Jürgen Weibler (Hrsg.): Führung, Macht und Vertrauen in Organisationen. Stuttgart (Kohlhammer) 2006, S. 47f.

[211] ebenda, S. 47f.

[212] ebenda, S. 42.

[213] Scholz, Christian: Personalmanagement. Informationsorientierte und verhaltenstheoretische Grundlagen. München (Vahlen) 2014, S. 1004.

[214] Rowold, Jens: Human Resource Management. Berlin (Springer Gabler) 2015, S. 41f.

[215] Wenn Mitarbeiter lernen, dass sie durch Regelbeachtung unangreifbar sind, besteht die Gefahr, dass die Einhaltung der Regeln oberstes Ziel darstellt. Dadurch gerät das eigentliche Organisationsziel aus dem Blickwinkel des Personals. von der Oelsnitz, Dietrich und Jürgen Weibler (Hrsg.): Führung, Macht und Vertrauen in Organisationen. Stuttgart (Kohlhammer) 2006, S. 18-20.

Prognostizierbarkeit.[216] Auch Beziehungsstrukturen wie Freundschaften, Beziehungen, Bekanntschaften oder Gruppen wirken auf das Machtverhältnis ein.[217]

Ausgehend von den Definitionen der Macht, hat die Führungsperson in einem Krankenhaus mit hierarchischen System bereits formelle Macht. Ihr obliegen höhere Befugnisse als dem zu führendem Mitarbeiter. In welchem Ausmaß Macht zum Einsatz kommt, ist unter anderem von Persönlichkeitsmerkmalen, dem Menschenbild, dem Unternehmen selbst und dem von der Führungskraft präferierten Führungsstil abhängig.

4.2.2 Die Rolle des Vertrauens bei der Personalführung

Interpersonales Vertrauen[218] charakterisiert eine soziale Beziehung zwischen zwei oder mehreren Personen in ihrer Art und Weise. Vertrauen wird im Zusammenhang mit Unternehmen kontrovers diskutiert.[219] Zu den unterschiedlichen Ansätzen zählen unter anderem, dass Vertrauen ein Ergebnis von Entscheidungen, eine soziale Einstellung, eine emotionale Beziehungsqualität oder ein besonderes Gefühl ist.[220] Aus verschiedenen Ansätzen lassen sich Gemeinsamkeiten für die Effekte des Vertrauens zwischen Führungskraft und Mitarbeiter ableiten. Gegenseitiges hierarchieübergreifendes Vertrauen zwischen Führungskraft und Mitarbeiter fördert Arbeitsmotivation und Informationsaustausch, Changemanagementprozesse lassen sich einfacher vollziehen, Problemlösungsstrategien werden schneller generiert und die Arbeitszufriedenheit erhöht sich.[221] Grundvoraussetzungen für das Entstehen von Vertrauen zwischen Vorgesetztem und Personal sind beispielsweise offene Kommunikation, Integrität, Fachkompetenz, vorbildliches Verhalten, Fairness, Erreichbarkeit und Offenheit der Führungsperson.[222]

Das Vertrauensverhältnis zwischen Geführtem und Führendem ist stark von Interaktionsprozessen untereinander und dem Vertrauen in das gesamte Unternehmen

---

[216] Scholz, Christian: Personalmanagement. Informationsorientierte und verhaltenstheoretische Grundlagen. München (Vahlen) 2014, S. 1005.

[217] von der Oelsnitz, Dietrich und Jürgen Weibler (Hrsg.): Führung, Macht und Vertrauen in Organisationen. Stuttgart (Kohlhammer) 2006, S. 43.

[218] Darunter wird die Überzeugung/ Annahme oder der Glaube an die Zuverlässigkeit eines Menschen ver-standen. Blessin, Bernd und Alexander Wick: Führen und führen lassen. Konstanz (UVK Lucius) 2014, S. 258.

[219] Zaugg, Robert J: Nachhaltiges Personalmanagement. Eine neue Perspektive und empirische Exploration des Human Resource Management. Wiesbaden (Gabler) 2009, S. 77-80.

[220] von der Oelsnitz, Dietrich und Jürgen Weibler (Hrsg.): Führung, Macht und Vertrauen in Organisationen. Stuttgart (Kohlhammer) 2006, S. 117-123.

[221] ebenda, S. 125-131.

[222] ebenda, S. 131-140.

(Systemvertrauen) abhängig. In der Literatur bleibt bisher ungeklärt, welche Auswirkungen paradoxe Vertrauenssituationen[223] auf die Mitarbeiter haben.[224]

4.3 Aufgaben und Ziele der Personalführung

In der Literatur wird zwischen zwei Führungsaufgaben unterschieden, einerseits sachbezogene und andererseits personenbezogene Aufgaben. Zu den sachbezogenen Führungsaufgaben gehören unter anderem Aufgabenplanung, -entscheidung, -organisation, -kontrolle, Verantwortung von Ergebnissen, Gestaltung der organisatorischen Zukunft sowie initiieren und verfolgen von Change-managementprozessen.[225] Personenbezogene Aufgaben der Führung sind beispielsweise Auswahl und Einarbeitung von Mitarbeitern, Informationsweitergabe, Kommunikation, Delegation, Zielvereinbarungen treffen, Motivation der Mitarbeiter, Mitarbeiterentwicklung, Karriereplanung und dem Personal ein Vorbild sein etc.[226] Steiger und Lippmann (2008) unterscheiden die drei Ebenen strukturelle, instrumentelle und prozessuale/ interaktionelle Führungstätigkeiten.[227] Strukturelle Tätigkeiten organisieren personelle Ressourcen innerhalb des Gesamtunternehmens und sind langfristig ausgerichtet. Instrumentelle Führungsaufgaben umfassen zentrale Tätigkeiten wie Delegation, Zielvereinbarungen, Qualifikation etc. und sind mittelfristig angelegt. Prozessuale/ interaktionelle Tätigkeiten sind spontane und kurzfristige Maßnahmen wie intervenieren bei Problemen, Beziehungsgestaltung, Anerkennung, Kritik und Feedback etc. Ziel der Leitungsaufgaben ist die Optimierung des Arbeits- und Beziehungsverhaltens der Mitarbeiter.[228]

Hoefert (2007) beschrieb zwei Aufgabenbereiche der Personalführung. Zum einen die Bereitstellung des adäquaten Arbeitsrahmens und zum anderen die persönlichen Interaktionen zwischen dem Führenden und Geführten. Der Arbeitsrahmen ist so zu schaffen, dass eine Beeinflussung und Erreichung der gemeinsamen Ziele möglich

---

[223] Unter paradoxen Vertrauenssituationen wird verstanden, dass ein Mitarbeiter beispielsweise der Führungskraft stark vertraut und dem Unternehmen ein hohes Misstrauen entgegenbringt oder umgekehrt. von der Oelsnitz, Dietrich und Jürgen Weibler (Hrsg.): Führung, Macht und Vertrauen in Organisationen. Stuttgart (Kohlhammer) 2006, S. 143.
[224] ebenda. 140-143.
[225] Kolb, Meinulf: Personalmanagement. Grundlagen und Praxis des Human Resource Management. Wiesbaden (Gabler) 2010, S. 410.
[226] ebenda, S. 410.
[227] Werkmann-Karcher, Birgit und Jack Rietiker (Hrsg.): Angewandte Psychologie für das Human Resource Management. Konzepte und Instrumente für ein wirkungsvolles Personalmanagement. Berlin (Springer) 2010, S. 344.
[228] ebenda, S. 344.

56

ist.[229] Weiter hat die Führungskraft Kohäsion (Zusammenhalt der Gruppe) und Lokomotion (Richtungsgeben der Gruppe) als wichtige Zielstellungen zu verfolgen.[230] Darum muss der Vorgesetzte über ein funktionierendes Selbst- und Zeitmanagement verfügen. Zusätzlich sind spezifischen Aufgaben zu erfüllen, dazu gehören beispielsweise die Entwicklung und Vermittlung von Visionen, Schaffung von Werten für das Team sowie vorbildhaftes Verhalten.[231]

4.4 Das Verständnis über das Führungsdilemma

Komplexe Handlungen und Entscheidungen in zwischenmenschlichen Beziehungen sind oft nicht eindeutig „richtig" oder „falsch". Führungskräfte sind ständig vom Dilemma der Situationen umgeben. Blessin/ Wick beschreiben das Führungsdilemma als ein Muss, dass eine Entscheidung zwischen mindestens zwei gleichwertigen und konträren Alternativen getroffen wird.[232] Nach Müller-Stewens und Fontin (1997) ist ein Führungsdilemma vorhanden, wenn ein Entscheidungsträger vor der schwierigen Wahl zwischen zwei sich widersprechenden Handlungslogiken (beide sind gut begründet) steht.[233] Die acht Managementdilemmata nach Müller-Stewens und Fontin sind: zentralisierte Dezentralisation, differenzierte Standardisierung, koordinierte Virtualität, konkurrierende Kooperation, rotierende Kontinuität, partizipative Themenvorgaben, selektive Kommunikation und dynamische Kernkompetenzen.[234] Führungskräfte müssen teilweise widersprüchliche Entscheidungen treffen, das fordert unverzichtbar Kompromisse als Lösungsansatz. Zur Führungs-arbeit gehören unvermeidlich die unangenehmen Dilemmata.[235] Blessin und Wick stellten 13 Dilemmata des Führungsalltags gegenüber (Tab. 5).[236]

[229] Beck, Christian und Doris Klafl: Menschen und Arbeitsaspekte in der Organisation Krankenhaus. Fokus Arbeitsmotivation, Coaching, Führung. Hamburg (Dimplomica) 2013, S. 149.
[230] Scholz, Christian: Personalmanagement. Informationsorientierte und verhaltenstheoretische Grundlagen. München (Vahlen) 2014, S. 1003.
[231] Peters, Theo: Leadership. Traditionelle und moderne Konzepte. Mit vielen Beispielen. Wiesbaden (Springer Gabler) 2015, S. 81-84.
[232] Blessin, Bernd und Alexander Wick: Führen und führen lassen. Konstanz (UVK Lucius) 2014, S. 458.
[233] ebenda, S. 459f.
[234] ebenda, S. 459f.
[235] ebenda, S. 470.
[236] ebenda, S. 461f.

Mittel	↔	Zweck
Gleichbehandlung	↔	Eingehen auf Einzelfall
Distanz	↔	Nähe
Fremdbestimmung	↔	Selbstbestimmung
Spezialisierung	↔	Generalisierung
Gesamtverantwortung	↔	Eigenverantwortung
Bewahrung	↔	Veränderung
Konkurrenz	↔	Kooperation
Aktivierung	↔	Zurückhaltung
Innenorientierung	↔	Außenorientierung
Zielorientierung	↔	Verfahrensorientierung
Belohnungsorientierung	↔	Werteorientierung
Selbstorientierung	↔	Gruppenorientierung

Tabelle 5 Dilemmata der Führung nach Blessin & Wick (eigene Darstellung)[237]

Führungsdilemmata sind nach Blessin und Wick die Existenzbedingung für eine Führungsrolle, das heißt ohne Dilemmata gäbe es keine Führungspositionen zu besetzen. Der Umgang der Führungskraft mit den Dilemmata kann von aktiver Ignoranz bis zur synergetischen Nutzung reichen, dieses kreative Handeln wird als Führung bezeichnet.[238]

4.5 Prinzipielle Erklärungsansätze des Mitarbeiterverhaltens

Im nachfolgendem Kapitel sollen grundlegende Ansätze des Zustandekommens menschlichen Verhaltens bei der Arbeit dargestellt werden, dass kann an Hand von sogenannten Menschenbildern geschehen. Menschenbilder dienen der Komplexitätsreduktion, der in der Realität vorkommenden Vielfalt von Menschentypen und reduzieren diese auf wenige prägnant wahrgenommene Grundformen. Menschbilder werden genutzt, um vereinfachte, standardisierte Muster und Verhaltensweisen eines Menschen zu erklären.[239]

---

[237] Blessin, Bernd und Alexander Wick: Führen und führen lassen. Konstanz (UVK Lucius) 2014, S. 461f.
[238] ebenda, S. 470.
[239] Berthel, Jürgen und Fred G. Becker: Personal-Management. Grundzüge für Konzeptionen betrieblicher Personalarbeit. Stuttgart (Schäffer-Poeschel) 2013, S. 32f.

4.5.1 Menschenbilder nach Schein

In einem Unternehmen arbeiten Menschen mit anderen Menschen zusammen. Jeder Mitarbeiter ist verschieden und besitzt eigene Werte- bzw. Normvorstellungen.[240] Hintergrund jeglichen Handelns sind grundlegende Werte und Normen des Menschen.[241] In den Erklärungstheorien existieren implizite Annahmen über die menschliche Natur, welche verallgemeinernder und vereinfachender Art sind. Die Menschenbilder nach Schein sind Grundlage der meisten wissenschaftlichen Theorien. Annahmen beeinflussen den Personalumgang und Umgang mit Problemen. Das Arbeitshandeln der Menschen richtet sich nach dem individuellen Orientierungsrahmen bezogen auf die Menschenbilder.[242] Einstellung und Denkweisen gegenüber anderen Menschen sind durch Sozialisation geprägt (z. B. Erziehung, Wohnumfeld, Schulbildung) und können im Lebensverlauf durch Erfahrungen (z. B. in der Arbeitswelt, Freunde, Familie, Ereignisse) verändert werden. In der Regel sind diese Bilder unbewusst verankert.[243] Führungskräfte sollten sich nicht vom Menschenbild steuern oder leiten lassen, sondern sich dem eigenem Menschenbild bewusst machen und kritisch reflektieren.[244] Schein klassifizierte, als Grundbilder (pluralistischer Ansatz) eines Menschen, das rational-ökonomische, soziale, selbstverwirklichende sowie komplexe Menschenbild.[245]

Das rational-ökonomisches Menschenbild[246] verbreitete sich seit 1890 und folgt der Annahme des homo oeconomicus,[247] welcher im Scientific Management[248] von

---

[240] Normen sind allgemeingültige Verhaltens- und Handlungsregeln um das Funktionieren in einer Organisation oder Gruppe und somit den Bestand einer Gesellschaft gewährleisten. Normen besitzen eine Orientierungs- und Integrationsfunktion, d. h. Normen ordnen Handlungsmuster bestimmten Situationen zu und erleichtern beispielsweise Entscheidungsprozesse. Nerdinger, Friedmann W., Gerhard Blickle und Niclas Schaper: Arbeits- und Organisationspsychologie. Berlin (Springer) 2014, S. 625 und Korte, Hermann und Bernhard Schäfers (Hrsg.): Einführung in die Hauptbegriffe der Soziologie. Wiesbaden (Springer VS) 2016, S. 33ff.

[241] Rowold, Jens: Human Resource Management. Berlin (Springer Gabler) 2015, S. 6.

[242] Berthel, Jürgen und Fred G. Becker: Personal-Management. Grundzüge für Konzeptionen betrieblicher Personalarbeit. Stuttgart (Schäffer-Poeschel) 2013, S. 32.

[243] Rowold, Jens: Human Resource Management. Berlin (Springer Gabler) 2015, S. 6.

[244] Gasche, Ralf: So geht Führung. 7 Gesetze, die Sie im Führungsalltag wirklich weiterbringen. Berlin (Springer Gabler) 2016, S. 80.

[245] Rowold, Jens: Human Resource Management. Berlin (Springer Gabler) 2015, S. 6-10 und Scholz, Christian: Personalmanagement. Informationsorientierte und verhaltenstheoretische Grundlagen. Mün-chen (Vahlen) 2014, S. 123f.

[246] Berthel, Jürgen und Fred G. Becker: Personal-Management. Grundzüge für Konzeptionen betrieblicher Personalarbeit. Stuttgart (Schäffer-Poeschel) 2013, S. 32f.

[247] Der homo oeconomicus handelt immer rational unter der Prämisse, seinen eigenen materiellen Nutzen zu maximieren. Er ist ein fiktives Wirtschaftssubjekt aus der wirtschaftswissenschaftlichen Modelltheorie. Wöhe, Günter und Ulrich Döring: Einführung in die Allgemeine Betriebswirtschaftslehre. München (Vahlen) 2013, S. 41.

[248] Scientific Management (wissenschaftliche Betriebsführung) auch synonym als Taylorismus bezeichnet, ist ein traditioneller betriebswirtschaftlicher Managementansatz, welcher darauf ausgerichtet war, die Produktivität eines Unternehmens durch optimalen Einsatz von Mensch und Maschine zu maximieren. Produktivitätsmaximierung sollte vor allem durch leistungsbezogene Entlohnung und Optimierung der Arbeitsverrichtung erreicht werden. Heute ist

Frederick Taylor zu Grunde gelegt wurde. Ausgangspunkt ist, dass der Mensch aus Egoismus heraus motiviert ist und somit Motivation primär über monetäre Reize positiv beeinflusst werden kann.

Der Mensch in diesem Menschenbild wird als passiv und manipulierbar angesehen. Emotionen und Eigeninteressen eines Mitarbeiters stellen eine Behinderung bzw. Störfaktor, bei der Erfüllung der Aufgaben, in einem Unternehmen dar. Somit implizieren sich für das Management Mitarbeiterkontrolle, Bestrafung und Belohnung sowie Neutralisation von emotionalem Verhalten. Potentiale und Ideen des Personals bleiben ungenutzt und der Mitarbeiter tendiert eher zum Wechsel in ein anderes Unternehmen. Das vorrangige Zielkriterium des Unternehmens war auf die Produktion ausgerichtet.[249]

Das soziales Menschenbild besteht seit 1950 und entspricht der Human-Relations-Bewegung.[250] Beim sozialen Menschenbild wird davon ausgegangen, dass der Mensch primär durch soziale Bedürfnisse motiviert ist, essentiell dabei sind Interaktionen mit anderen Menschen. Grundgedanke ist, dass miteinander kooperierende und eigenständig denkende Mitarbeiter als Ressource bei der Bewältigung von komplexen Arbeitsaufgaben angesehen werden können. Kooperation und Wertschätzung unter dem Personal zu fördern, sind die Implikationen für das Management. Fokus des Vorgesetzten liegt nicht ausschließlich bei der Kontrolle, sondern vielmehr bei Förderung sowie Stimulation der Geführten im Arbeitsprozess. Innerhalb eines Teams wirken soziale Kräfte stärker als Maßnahmen der Führungskraft. Zielkriterium für die Mitarbeiter ist die individuelle Zufriedenheit.[251]

Das selbstverwirklichende Menschenbild ist etwa seit dem Jahr 1960 verbreitet. Dabei wird davon ausgegangen, dass der Mensch eine Eigenmotivation besitzt und Selbstkontrolle favorisiert. Neben monetärem Streben und Befriedigung sozialer Bedürfnisse, streben Angestellte nach Selbstverwirklichung. Arbeit kann erfüllend sein, wenn mehrere Bedürfnisse befriedigt werden. Dazu gehören unter anderem das Einbringen von Ideen und Vorschlägen der Mitarbeiter oder eine aktive Mitwirkung bei

---

Taylorismus das Sinnbild für entmenschlichte Arbeit. Berthel, Jürgen und Fred G. Becker: Personal-Management. Grundzüge für Konzeptionen betrieblicher Personalarbeit. Stuttgart (Schäffer-Poeschel) 2013, S. 39f.
[249] Berthel, Jürgen und Fred G. Becker: Personal-Management. Grundzüge für Konzeptionen betrieblicher Personalarbeit. Stuttgart (Schäffer-Poeschel) 2013, S. 32f.
[250] Die Human-Relation-Bewegung (Ergebnisse von Elton Mayo´s Feldstudien) ging davon aus, dass Mitarbeiter nicht als isolierte Produktionsfaktoren anzusehen sind, sondern als Bestandteil eines komplexen Systems. Ein Kerngedanke war, dass die Leistung des Personals primär von der Arbeitszufriedenheit bestimmt ist. ebenda, S. 40ff.
[251] ebenda, S. 32f.

der Gestaltung des Arbeitsprozesses. Organisationsbezogene Ziele stehen der Selbstverwirklichung bei der Arbeit nicht zwangsläufig konträr gegenüber.[252]

Anforderungen an das Management sind hierfür stetige Kommunikation, tiefes Verständnis der Mitarbeiterwerte bzw. -interessen und eine intensive Wahrnehmung von Planungsaufgaben. Statt Kontrolle, muss auf die Entwicklung des Personals zur Selbstführung fokussiert werden, d. h. intrinsische statt extrinsische Motivation. Das wiederum bedeutet auch als Führungskraft Macht abzugeben und zu delegieren.[253]

Das komplexe Menschenbild[254] fand seine Verbreitung ab den 1980er Jahren. Seit dieser Zeit ist die Arbeitswelt vom ständigem Wandel[255] geprägt. Somit hatten neben dem Unternehmen, auch die Mitarbeiter eines Unternehmens wechselnde Motive. Das komplexe Menschenbild geht davon aus, dass bei Werten und Motiven eine Vielschichtigkeit, Situationsabhängigkeit und Wandelbarkeit besteht. Der Mensch kann neue Motive erlernen und strebt je nach Situation nach verschieden Zielen. Für Führungskräfte bedeutet das, dass keine allgemeingültige Führungsstrategie existiert. Eine besondere Herausforderung besteht in der Wertidentifikation, somit muss eine Führungsperson ein ausgeprägtes Gespür für Erkundungen (z. B. Wünsche, Erwartungen, Gefühle der Mitarbeiter) besitzen.[256]

Scheins Menschenbilder sind eine Zusammenfassung aus verschiedenen Forschungsansätzen.[257] Ausgangspunkt ist, dass jeder Mensch unbewusst oder bewusst bei Entscheidungen, das in ihm verankerte Menschenbild anwendet und danach handelt.[258] Somit ergeben sich dementsprechende auch Konsequenzen aus der vollzogenen Handlung.

---

[252] ebenda, S. 32f.

[253] Kolb, Meinulf, Brigitte Burkart und Frank Zundel: Personalmanagement. Grundlagen und Praxis des Human Resources Managements. Wiesbaden (Gabler) 2010, S. 400.

[254] Berthel, Jürgen und Fred G. Becker: Personal-Management. Grundzüge für Konzeptionen betrieblicher Personalarbeit. Stuttgart (Schäffer-Poeschel) 2013, S. 32f.

[255] Seit den 1980er Jahren nahm die Komplexität, Globalisierung und Konkurrenzdruck der Unternehmen stetig zu. Weiterhin beeinflussten die technischen Fortschritte aber auch neue Medien die Unternehmen. Es kam vermehrt zu nicht planbaren Herausforderungen sowie wechselnden Anforderungen in den Unternehmen.

[256] Berthel, Jürgen und Fred G. Becker: Personal-Management. Grundzüge für Konzeptionen betrieblicher Personalarbeit. Stuttgart (Schäffer-Poeschel) 2013, S. 32f.

[257] Scholz, Christian: Personalmanagement. Informationsorientierte und verhaltenstheoretische Grundlagen. München (Vahlen) 2014, S. 124.

[258] Rowold, Jens: Human Resource Management. Berlin (Springer Gabler) 2015, S. 12.

4.5.2 X-Y Theorie nach McGregor

Die Theorien X und Y nach McGregor klassifiziert zwei Menschenbilder als konträres Paar (dualistisches Menschenbild). Tabelle 6 zeigt McGregor´s Annahmen.[259]

Im Management sollte stets vom Menschenbild Y ausgegangen werden. Weiterhin sind Rahmenbedingungen zur Realisation des Menschenbilds Y für Mitarbeiter zu schaffen. Somit können Unternehmensziele leichter erreicht werden und das Personal ist zufriedener.[260] Sehen Führungskräfte ihre Geführten im Menschenbild X, hat das laut McGregor die sich selbst erfüllenden Prophezeiung zur Folge.[261] Werden Mitarbeiter kontrolliert und bekommen strenge Vorschriften, so werden sich die zu Führenden passiv und wenig eigeninitiativ verhalten. Das bestätigt dann wiederum die Sichtweise der Führungskraft und festigt dessen Haltung. McGregor´s These erscheint potentiell plausibel.[262] Ob jedoch jeder Mitarbeiter der Handlungsspielraum und Verantwortung bei der Arbeit übertragen bekommt diese auch nutzt bleibt fraglich.[263] Die Anwendung der Theorie Y zeigt die Option auf, allen Angestellten die Chance zu geben sich bei der Arbeit zu entfalten.

Theorie X	Theorie Y
• Menschen haben eine angeborene Abscheu vor Arbeit. • Folge - Menschen müssen kontrolliert und gesteuert, sowie mit Androhung von Sanktionen zur Arbeit gezwungen werden. • Der Mensch präferiert geführt zu werden und meidet Verantwortung. • Bei Menschen liegt ein Sicherheitsbedürfnis vor.	• Menschen besitzen keine Aversion gegen Arbeit und identifizieren sich mit den unternehmerischen Zielen • Folge - Kontrollen sind unnötig. • Anreize zur Arbeit bestehen in der Befriedigung von Ich-Motiven und dem Streben nach Selbstverwirklichung. • Bei entsprechenden Rahmenbedingungen suchen Menschen nach eigener Verantwortung.

Tabelle 6: Theorien X und Y nach McGregor (eigene Darstellung)[264]

---

[259] Berthel, Jürgen und Fred G. Becker: Personal-Management. Grundzüge für Konzeptionen betrieblicher Personalarbeit. Stuttgart (Schäffer-Poeschel) 2013, S. 32-35.

[260] Scholz, Christian: Personalmanagement. Informationsorientierte und verhaltenstheoretische Grundlagen. München (Vahlen) 2014, S. 121-123.

[261] Unter der selbsterfüllenden Prophezeiung wird im Arbeitskontext verstanden, dass eine Führungskraft ein bestimmtes Verhalten bei dem Mitarbeiter erwartet, dementsprechend richtet die Führungsperson ihr eigenes Verhalten aus. Dadurch verhält sich der Geführte entsprechend der Erwartung des Führenden. Holtbrügge, Dirk: Personalmanagement. Berlin (Springer Gabler) 2015, S. 226f und Jost, Peter J.: Organisation und Motivation. Eine ökonomisch-psychologische Einführung. Wiesbaden (Springer) 2010, S. 188ff.

[262] Schreyögg, Georg und Daniel Geiger: Organisation. Grundlagen moderner Organisationsgestaltung. Mit Fallstudien. Wiesbaden (Springer Gabler) 2016, S. 131-135.

[263] Scholz, Christian: Personalmanagement. Informationsorientierte und verhaltenstheoretische Grundlagen. München (Vahlen) 2014, S. 122-123.

[264] Berthel, Jürgen und Fred G. Becker: Personal-Management. Grundzüge für Konzeptionen betrieblicher Personalarbeit. Stuttgart (Schäffer-Poeschel) 2013, S. 33.

Dieses Modell bietet die Möglichkeit sich auf abstrakter Ebene das Mitarbeiterverhalten zu erklären und eigenes Führungsverhalten zu reflektieren.

4.5.3 S-O-R-Modell

Das S-O-R-Modell[265] ist ein verhaltenstheoretischer Ansatz und nimmt Bezug auf behavioristische Theorien der klassischen bzw. operanten Konditionierung und des Beobachtungslernens.[266] Ausgangslage ist, dass ein bestimmter externer Reiz (S=Stimulus, Organisationsumwelt, Situation) im Organismus (O=Organismus, Wahrnehmung, Bewertung) verarbeitet wird und eine entsprechende Reaktion (R=Reaktion, Verhalten) auf die Umwelt stattfindet.[267] Vorrangig lassen sich mit diesem Modell passives Verhalten erklären. Verhalten das von einer Person selbst initiiert wird, lässt sich nicht ausreichend beschreiben.[268] Beim S-O-R-Modell sind drei Variablen von Bedeutung. Die Variablen sind Anspruchsniveau, Antriebsstruktur und Reaktionszeit der Person auf die der externe Reiz einwirkt. Diese drei Variablen wirken als innere Rückkopplungsschleifen und somit lernt eine Person die eigene Reaktion in Abhängigkeit vom Reiz zu steuern. Für die Umwelt der Person (z. B. die Führungskraft) ergibt sich folglich auch eine Rückkopplungsschleife, in der abhängig von der Reaktion die zu gestaltenden Reize erlernt werden können.[269]

4.6 Die Bedeutung der ethischen Dimension bei der Personalführung

Führungsethik ist bis heute ein in der einschlägigen Literatur eher selten diskutiertes Thema. Ausgehend von den Definitionen von Macht (Kapitel 4.2) und Führung (Kapitel 2.2) besteht ein vorgegebenes asymmetrisches Verhältnis zwischen dem „Führenden" und dem „Geführten", was eine Betrachtung der ethischen Komponente unerlässlich

---

[265] In der Literatur wird das S-O-R-Modell auch synonym als SIR-Modell oder SOR-Theorem bezeichnet. Ausgegangen ist dieses Modell aus dem S (Stimulus) R (Response) - Modell, das auf Basis der wissenschaftlichen Erkenntnisse des russischen Physiologen Iwan P. Pawlow (1849-1936) beruht.
[266] Nerdinger, Friedmann W., Gerhard Blickle und Niclas Schaper: Arbeits- und Organisationspsychologie. Ber-lin (Springer) 2014, S. 322f.
[267] Berthel, Jürgen und Fred G. Becker: Personal-Management. Grundzüge für Konzeptionen betrieblicher Personalarbeit. Stuttgart (Schäffer-Poeschel) 2013, S. 31f.
[268] Nerdinger, Friedmann W., Gerhard Blickle und Niclas Schaper: Arbeits- und Organisationspsychologie. Ber-lin (Springer) 2014, S. 323 .
[269] Scholz, Christian: Personalmanagement. Informationsorientierte und verhaltenstheoretische Grundlagen. München (Vahlen) 2014, S. 114f.

macht. Unbeachtet davon, besitzt jegliche soziale Beziehung[270] eine ethische Dimension, somit auch Führungshandlungen.[271]

Führungsethik befasst sich mit der Fragestellung wo Grenzen des Führungshandelns bei der Beeinflussung des „Geführtem" zum Zweck der Zielerreichung liegen. Neben Verantwortung über den Führungserfolg, besitzt die Führungskraft auch eine Verantwortlichkeit gegenüber dem Menschen. Somit kann Personalführung als zweidimensionaler Prozess verstanden werden. Nach von der Oelsnitz und Weibler steht die Führungsperson grundsätzlich im Spannungsfeld zwischen Ethik und Effizienz sowie Human- und Erfolgsverantwortung.[272] Wird von einem harmonischen Führungsverständnis ausgegangen, welches keine Spannungen bzw. Konflikte zwischen Erfolgs- und Humanverantwortung sieht, wird von der „hellen" Seite der Führung gesprochen (ethisches Führungshandeln). Führungserfolg korreliert mit dem ethischem Verhalten der Führungskraft. Ohne Führungsethik kein Führungserfolg.[273] Somit wäre auf Grundlage dieser Argumentation, eine ethische Diskussion der Führung nicht notwendig. Untersuchungen von Kellerman (2004), Smith (1995), Frey et al. (2002) und Höhler (2002) ergaben, dass das Wahren von Menschenwürde im Führungsstil mit einer höheren Leistungsbereitschaft der Mitarbeiter einhergeht und eine Verletzung der Würde unter anderem Aggressionen, höhere Fluktuation, Burnout und „innere" Kündigung des Personals begünstigt.[274] Folglich ist ein ethisches Führungshandeln anzustreben und elementarer Bestandteil der Führung. Kritisch bleibt anzumerken, wenn ethisches Führungshandeln als Mittel zum Zweck für die Erreichung des Führungserfolges angewendet wird und nicht aus „innerer" Überzeugung, ist fraglich, ob Führung dann noch ethische Qualität besitzt.[275] Die Einheit zwischen Führungsethik und -erfolg, einem harmonischen Führungsverständnis und die „win-win-win-Situation" für den „Führenden", „Geführten" und die Organisation ist irrational.[276]

---

[270] Zu der sozialen Beziehung zählen hier insbesondere das Verhältnis zwischen dem „Führenden" und dem „Geführten". Jede Handlung oder Nichthandlung eines Menschen besitzt Konsequenzen für den anderen Menschen. Somit gilt, jedes Tun oder nicht Tun, bezüglich der Aspekte soziale Verträglichkeit sowie Verantwortbarkeit zu prüfen und ethisch zu reflektieren. von der Oelsnitz und Jürgen Weibler: Führungsethik in Organisationen. Stuttgart (Kohlhammer) 2012, S. 19.
[271] ebenda S. 15-19.
[272] von der Oelsnitz und Jürgen Weibler: Führungsethik in Organisationen. Stuttgart (Kohlhammer) 2012, S. 18.
[273] ebenda, S. 22f.
[274] ebenda, S. 24f.
[275] ebenda, S. 28.
[276] ebenda, S. 92f.

Somit muss die sogenannte „dunkle" Seite der Führung (unethisches Führungshandeln) betrachtet werden und gewinnt zunehmend an Relevanz.[277] In Arbeiten von Cook (2005), Lipman-Blumen (2005) und Kellerman (2004) wird gezeigt, dass unethisches Führungshandeln kein Einzelphänomen, sondern weitverbreitete Führungspraxis ist.[278] In den Ansätzen von Kellerman (2004), Padilla et al. (2007), Tepper (2000) und Einarsen et al. (2007) wurden Dimensionen und Determinanten unethischer Führung formuliert. Aus diesen unterschiedlichen Ansätzen skizzierten von der Oelsnitz und Weibler einen Bezugsrahmen (Abb. 10).[279]

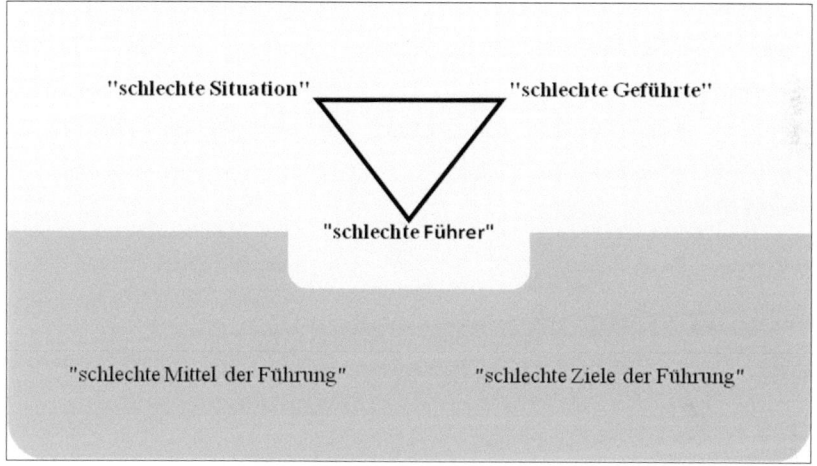

Abbildung 10: Determinanten und Dimensionen der "dunklen" Seite der Führung nach von Oelsnitz/ Weibler (eigene Darstellung)[280]

Der Bezugsrahmen zeigt zwei Dimensionen der „dunklen Seite" der Führung (dunkelgrau) und dessen Determinanten (grau) als sogenanntes „toxisches Dreieck". Begünstigende Faktoren/ Persönlichkeitsmerkmale (Tab 7) für unethisches Fuhrungshandeln lassen sich auszugsweise[281] im „toxischen Dreieck" identifizieren.

---

[277] von der Oelsnitz und Jürgen Weibler: Führungsethik in Organisationen. Stuttgart (Kohlhammer) 2012, S. 30.
[278] ebenda, S. 30.
[279] ebenda, S. 31-45.
[280] ebenda, S. 47.
[281] Auf Grund der Komplexität der Thematik „schlechter" Führung, zeigt die Tabelle nur ansatzweise die Merkmale auf, welche zu nicht ethischen Führungshandeln führen können bzw. wodurch nicht ethisches Handeln im Führungskontext begünstigt wird.

65

„Schlechte Situation"	„schlechte Geführte"	„schlechte Führer"
Bürokratie	Bewunderung	Machiavellismus[282]
Hierarchie	Furcht	Narzissmus[283]
leistungsorientierte Vergütung	Gehorsamkeit	Psychopathie[284]
Macht	Kritiklosigkeit	
Organisationskultur	Passivität	
Stress und Druck		
Zielvereinbarungen		

Tabelle 7: Begünstigende Faktoren/ Persönlichkeitsmerkmale für unethisches Führungshandeln (eigene Darstellung)[285]

Das sogenannte „toxische Dreieck" verdeutlicht, dass für unethisches Führungshandeln verschiedene begünstigende Einflussfaktoren bestehen. Keinesfalls ist die Führungskraft allein für eine schlechte Führungssituation verantwortlich, vielmehr ist unethisches Führungshandeln ein Ergebnis von interagierenden Faktoren und Persönlichkeitsmerkmalen der Führungskraft, der Geführten und der organisationalen Umwelt.[286]

---

[282] Die Charaktereigenschaften einer machiavellistischen Persönlichkeit sind unter anderem geprägt vom Streben nach Status, egoistischen bis egomanischen Verhaltensweisen, Misstrauen gegenüber anderen Persönlichkeiten, Kontrollbedürfnis und unmoralischem Manipulationsverhalten. von der Oelsnitz und Jürgen Weibler: Führungsethik in Organisationen. Stuttgart (Kohlhammer) 2012, S. 56-58.

[283] Narzissmus ist unter anderem von den Persönlichkeitsmerkmalen Arroganz, Selbstherrlichkeit, Phantasien über grenzenlose Macht und Erfolg, Bedürfnis nach grenzenloser Bewunderung, Neid, fehlender Empathie sowie fehlendem Einfühlungsvermögen gekennzeichnet. Die Verhaltensweisen äußern sich beispielsweise in öffentlichen Demütigungen, als Witz getarnte Beleidigungen, Ironie und Privatsphärenverletzung. Zu den karrierefördernden Merkmalen gehören Risikofreudigkeit, Fähigkeit leicht zu lügen, suchtartiges Arbeitsverhalten, übersteigertes Selbstwertgefühl sowie Fähigkeit der Manipulation und Beeinflussung. ebenda, S. 49-53.

[284] Eine psychopathische Persönlichkeit ist gewissen-, gefühls- und verantwortungslos, in zwischenmenschlichen Situationen hinterlistig und oberflächlich. Die Lebenseinstellung ist ziellos und impulsiv. Reaktionen sind von unkontrolliertem, pubertärem bis hin zu asozialem Verhalten gekennzeichnet. ebenda, S. 54f.

[285] ebenda, S. 48-92.

[286] ebenda, S. 37ff.

5 Arbeitsmotivation, Arbeitszufriedenheit und Motive in der Unternehmenspsychologie

In diesem Kapitel werden die wichtigsten motivationstheoretischen Ansätze dargestellt, die der Erklärung des beobachtbaren Mitarbeiterverhalten dienen. Motivationstheorien befassen sich mit Ursachen, Wirkungen, Zusammenhängen und Einflussbeziehungen von Motivation/ Demotivation beim Personal.[287]

Umgangssprachlich ist unter einem Motiv der „innere" Beweggrund eines Menschen zu verstehen.[288] Wissenschaftlich betrachtet sind Motive Wertungsdispositionen, die für jeden einzelnen Menschen charakteristische Ausprägungen besitzen.[289] Motive sind ausschließlich personal bezogen. Der Motivationsbegriff umfasst stattdessen situationsbezogene und personale Faktoren, welche das Verhalten eines Menschen bestimmen. Der Begriff Motivation ist wichtig, da in der Literatur unstrittig ist, dass menschliches Handeln immer aus der Interaktion von Person(en) und Situation(en) entstehen.[290] Bei den Motivationstheorien wird zwischen Inhalts- und Prozesstheorien unterschieden.[291] Neben den Inhalts- und Prozesstheorien, existieren noch Emotions-[292] und Interaktionsmodelle[293] der Motivation auf die in diesem Buch nicht eingegangen wird.[294]

[287] Scholz, Christian: Personalmanagement. Informationsorientierte und verhaltenstheoretische Grundlagen. München (Vahlen) 2014, S. 1079.
[288] Berthel, Jürgen und Fred G. Becker: Personal-Management. Grundzüge für Konzeptionen betrieblicher Personalarbeit. Stuttgart (Schäffer-Poeschel) 2013, S. 49.
[289] Nerdinger, Friedmann W., Gerhard Blickle und Niclas Schaper: Arbeits- und Organisationspsychologie. Berlin (Springer) 2014, S. 420.
[290] Berthel, Jürgen und Fred G. Becker: Personal-Management. Grundzüge für Konzeptionen betrieblicher Personalarbeit. Stuttgart (Schäffer-Poeschel) 2013, S. 49f.
[291] Nerdinger, Friedmann W., Gerhard Blickle und Niclas Schaper: Arbeits- und Organisationspsychologie. Berlin (Springer) 2014, S. 427.
[292] Zu den Emotionsmodellen zählen z. B. die differenzielle Emotionstheorie (Izard), Emotionskomplexität (Plutchik), Belohnung und Bestrafung (Rolls), emotionale Intelligenz (Salovey/ Mayer et al.) und Führungsemergenz im Flow (Csikszentmihalyi/Rathunde). Scholz, Christian: Personalmanagement. Informationsorientierte und verhaltenstheoretische Grundlagen. München (Vahlen) 2014, S. 1078.
[293] Die bekanntesten Interaktionsmodelle sind beispielsweise die LMX-Theorie (Graen/ Danserau/ Minami), destruktive Führung (Lipman-Blumen et al.), Eigenschaftstheorie (Galton) und kybernetische Führung (Wiener et al.). ebenda, S. 1078.
[294] ebenda, S. 1078.

5.1 Inhaltstheorien der Motivation

Inhaltstheorien versuchen unter anderem zu beantworten, wonach der Mensch bei seinen Handlungen strebt und befassen sich damit, ob Verhalten erlernt oder angeboren ist sowie was Verhalten bewirkt.[295]

5.1.1 Bedürfnispyramide nach Maslow

Der am meisten verbreitete motivationstheoretische Ansatz ist die Theorie nach Abraham H. Maslow (1954).[296]

Maslow´s zentrale These geht davon aus, dass ein Bedürfnis[297] so lange Verhalten bestimmt, wie das Bedürfnis noch nicht vollständig befriedigt ist. Unterteilt wurde nach Maslow in fünf Bedürfniskategorien mit unterschiedlicher Wertigkeit, die sogenannte Bedürfnishierarchie oder -pyramide (Abb. 11).[298]

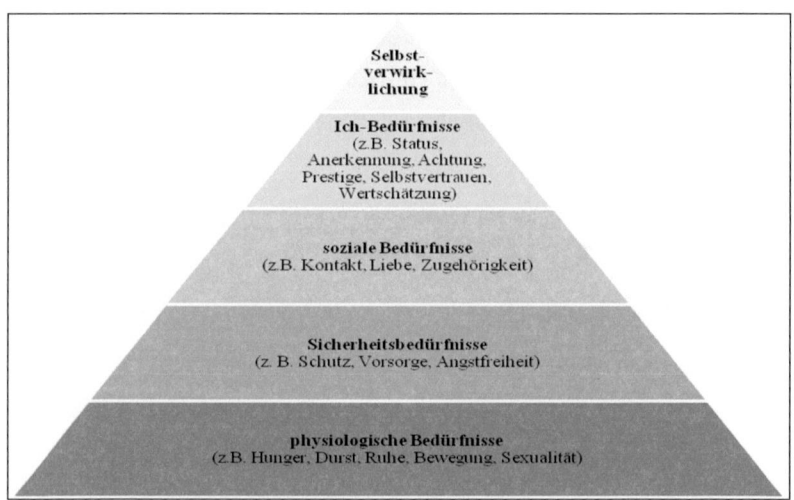

Abbildung 11: Bedürfnispyramide nach Maslow (eigene Darstellung)[299]

---

[295] von Rosenstiel, Lutz, Erika Regnet und Michael E. Domsch (Hrsg.): Führung von Mitarbeitern. Handbuch für erfolgreiches Personalmanagement. Stuttgart (Schäffer-Poeschel) 2014, S. 170f.

[296] Abraham H. Maslow war ein klinischer Psychologe (1908-1970) und gilt als Mitbegründer der „Human-istischen Psychologie". Ursprünglich war Maslow´s Ansatz nicht als Beitrag zur Theorie der Arbeitsmotivation gedacht, sondern ein Ergebnis Erfahrungen und Überlegungen. Berthel, Jürgen und Fred G. Becker: Personal-Management. Grundzüge für Konzeptionen betrieblicher Personalarbeit. Stuttgart (Schäffer-Poeschel) 2013, S. 52-55f.

[297] Zwischen Bedürfnis und Motiv wird in diesem Buch nicht unterschieden.

[298] Berthel, Jürgen und Fred G. Becker: Personal-Management. Grundzüge für Konzeptionen betrieblicher Personalarbeit. Stuttgart (Schäffer-Poeschel) 2013, S. 53.

[299] Nerdinger, Friedmann W., Gerhard Blickle und Niclas Schaper: Arbeits- und Organisationspsychologie. Ber-lin (Springer) 2014, S. 429.

68

Ausgangspunkt ist die Befriedigung der physiologischen Bedürfnisse, erst wenn bei physiologischen Bedürfnissen (hierarchisch niedrigste Bedürfnis) kein Defizit mehr besteht, streben Menschen nach der nächsthöchsten Bedürfniskategorie. Ist eine Bedürfnisebene für den Menschen befriedigt, so kommt ihr kein verhaltenslenkender Einfluss[300] mehr zu. Erst danach streben Menschen nach dem hierarchisch nächsthöherem Bedürfnis.[301] Maslow geht von unbegrenzten Wachstumsbedürfnissen[302] aus, wenn alle restlichen Defizitbedürfnisse[303] für den Menschen befriedigt sind.[304] Kritisch anzumerken ist, dass empirische Studien weder Maslow´s Bedürfnis-reihenfolge noch Schichten der Bedürfnisse gestützt haben.

Maslow´s Ansatz selbst entstand nicht aus empirischen Untersuchungen und situative sowie gesellschaftliche Faktoren blieben bei der Theorie unberücksichtigt.[305]

5.1.2 ERG-Theorie nach Alderfer

Clayton Alderfer (1940-2015) ging bei seiner Theorie (1969) von drei gleichrangigen Bedürfnissen aus, welche durch gegenseitige Interaktion Handlungen auslösen. Dazu gehörten „Existence Needs" - E (Existenzsicherungsbedürfnisse), „Relatedness Needs" - R (Beziehungsbedürfnisse) und „Growth Needs" - G (Wachstumsbedürfnisse). Diese drei Bedürfnisse stehen nicht im hierarchischen Verhältnis.[306] Annahmen der ERG-Theorie sind, dass eine Verhinderung der Befriedigung höherer Bedürfnisse, Frustration und Dominanz der niederen Bedürfnisse zur Folge haben. Außerdem können bereits befriedigte Bedürfnisse weiterhin noch aktivierend/ motivierend wirken. Nichtbefriedigung von Bedürfnissen durch Misserfolge kann ein Wachstum bewirken (Abb. 12).[307]

---

[300] Befriedigte Bedürfnisse motivieren einen Menschen nicht mehr.
[301] Scholz, Christian: Personalmanagement. Informationsorientierte und verhaltenstheoretische Grundlagen. München (Vahlen) 2014, S. 1079f.
[302] Dazu zählen die Selbstverwirklichungsbedürfnisse wie Unabhängigkeit und Entfaltung der eigenen Person.
[303] Als Defizitbedürfnisse sind alle anderen Bedürfnisse der Bedürfnispyramide deklariert
[304] Schreyögg, Georg und Daniel Geiger: Organisation. Grundlagen moderner Organisationsgestaltung. Mit Fallstudien. Wiesbaden (Springer Gabler) 2016, S.127f.
[305] Berthel, Jürgen und Fred G. Becker: Personal-Management. Grundzüge für Konzeptionen betrieblicher Personalarbeit. Stuttgart (Schäffer-Poeschel) 2013, S. 54f und Scholz, Christian: Personalmanagement. Informationsorientierte und verhaltenstheoretische Grundlagen. München (Vahlen) 2014, S. 1079f.
[306] Scholz, Christian: Personalmanagement. Informationsorientierte und verhaltenstheoretische Grundlagen. München (Vahlen) 2014, S. 1080ff.
[307] Berthel, Jürgen und Fred G. Becker: Personal-Management. Grundzüge für Konzeptionen betrieblicher Personalarbeit. Stuttgart (Schäffer-Poeschel) 2013, S. 56.

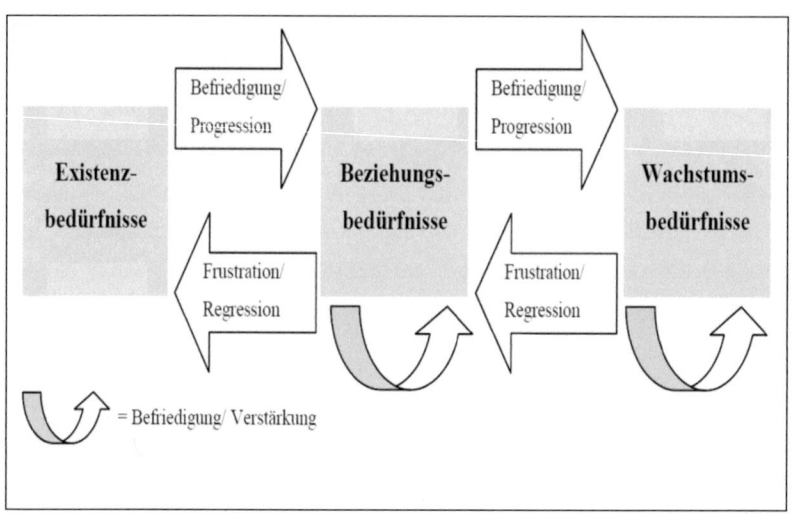

Abbildung 12: ERG-Theorie nach Alderfer (eigene Darstellung)[308]

Ausgehend von Alderfer´s Theorie wurden sieben Grundaussagen formuliert:[309]

- Je weniger Existenzbedürfnisse erfüllt sind, desto stärker werden diese.
- Je mehr Existenzbedürfnisse erfüllt sind, desto stärker wird nach Beziehungsbedürfnissen gestrebt.
- Je weniger Beziehungsbedürfnisse erfüllt sind, desto stärker werden diese.
- Je weniger Beziehungsbedürfnisse erfüllt sind, desto stärker wird nach Existenzbedürfnissen gestrebt.
- Je mehr Beziehungsbedürfnisse erfüllt sind, desto stärker wird nach Wachstumsbedürfnissen gestrebt.
- Je weniger Wachstumsbedürfnisse erfüllt sind, desto stärker wird nach Beziehungsbedürfnissen gestrebt.
- Je mehr Wachstumsbedürfnisse erfüllt sind, desto stärker werden diese.

5.1.3   Zweifaktoren-Theorie nach Herzberg

Frederick Herzberg ging vom Vorhandensein zweier Faktoren aus. Den Motivatoren (Statisfaktoren) und den Hygienefaktoren (Disstatisfaktoren).[310] Herzberg untersuchte Mitarbeiterzufriedenheit im Zusammenhang mit Arbeit und stellte seine Theorie (1959) auf (Abb. 13). Demnach lösen Motivatoren unbegrenzt Zufriedenheit und Motivation

---

[308] Scholz, Christian: Personalmanagement. Informationsorientierte und verhaltenstheoretische Grundlagen. München (Vahlen) 2014, S. 1081.
[309] Scholz, Christian: Personalmanagement. Informationsorientierte und verhaltenstheoretische Grundlagen. München (Vahlen) 2014, S. 1081.
[310] ebenda, S. 1082.

70

aus. Entgegen den Hygienefaktoren, welche nur begrenzt als Leistungsanreiz wirken aber Demotivationsgründe beseitigen können. [311]

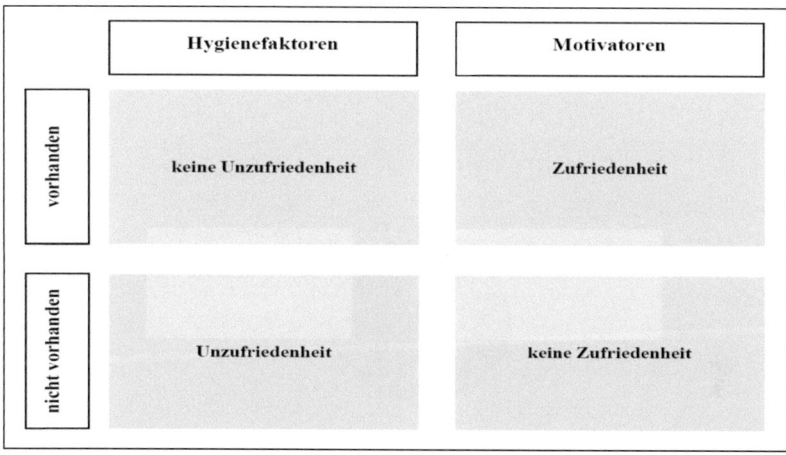

Abbildung 13: Zweifaktoren-Theorie nach Herzberg (eigene Darstellung)[312]

Zu den Hygienefaktoren zählen unter anderen Führung durch Vorgesetzte, Bezahlung, interpersonale Beziehungen, Status, Arbeitsbedingungen, Unternehmenspolitik und Arbeitsplatzsicherheit. Motivatoren sind beispielsweise Anerkennung, Arbeitsinhalt, übertragene Verantwortung, berufliche Aufstiegsmöglichkeiten sowie Gefühl der Selbstverwirklichungsmöglichkeit.[313]

5.1.4 Bedürfnisarten nach McClelland

Auf Grundlage evolutionstheoretischer Überlegungen und eigenen Studien, fand McClelland in seinem Ansatz (1985) drei handlungsleitende Bedürfnisse (Macht, Zugehörigkeit und Leistung) eines Menschen heraus. Auf Interaktionen dieser Bedürfnisse ging McClelland nicht ein. Je nach Ausprägung einzelner Motive des

[311] Kolb, Meinulf: Personalmanagement Grundlagen und Praxis des Human Resource Management. Wiesbaden (Gabler) 2010, S. 392ff.
[312] Berthel, Jürgen und Fred G. Becker: Personal-Management. Grundzüge für Konzeptionen betrieblicher Personalarbeit. Stuttgart (Schäffer-Poeschel) 2013, S. 58 und Kolb, Meinulf: Personalmanagement. Grundlagen und Praxis des Human Resource Management. Wiesbaden (Gabler) 2010, S. 393.
[313] Nerdinger, Friedmann W., Gerhard Blickle und Niclas Schaper: Arbeits- und Organisationspsychologie. Ber-lin (Springer) 2014, S. 422ff und Scholz, Christian: Personalmanagement. Informationsorientierte und verhaltenstheoretische Grundlagen. München (Vahlen) 2014, S. 1082.

Menschen, besitzen Motive einen Einfluss auf Motivations- und Arbeitsverhalten (Abb. 14).[314]

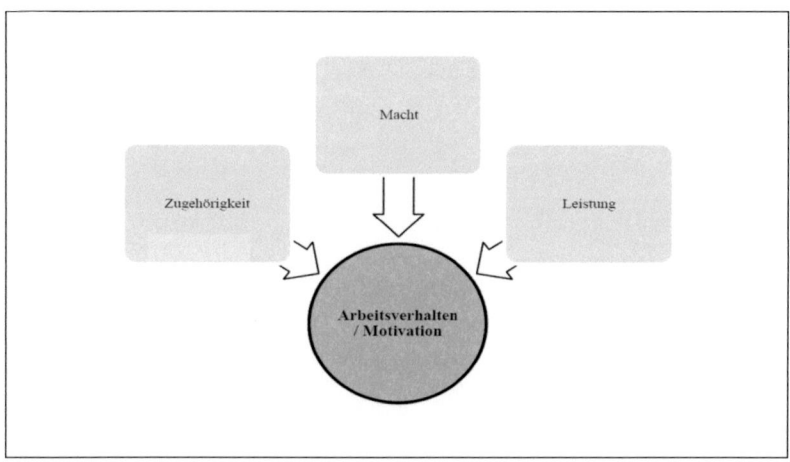

Abbildung 14: Theorie nach McClelland (eigene Darstellung)[315]

Das Leistungsbedürfnis zeigt sich vor allem im Setzen von Zielen, die Befriedigung erfolgt durch Zielerreichung und Begeisterung für die Arbeit sowie an Effizienz- und Effektivitätskriterien. Typischerweise wird nach innovativen Tätigkeiten gestrebt.[316]

Zugehörigkeitsbedürfnisse äußern sich im Wunsch nach Gruppenzugehörigkeit, mit dem Ziel der Sicherheit. Ein Mensch mit einem hohem Streben nach Zugehörigkeit, bevorzugt Konfliktfreiheit und Interaktionen mit geringer Konkurrenz. Streben nach Macht spiegelt sich im Versuch wider, eine Überlegenheitsposition gegenüber anderen Mitarbeitern zu erreichen.[317] Die drei zentralen Motive nach McClelland können im Verlauf der Zeit variieren und je nach persönlicher Situation und Hintergrund in unterschiedlicher Ausprägung auftreten.[318]

[314] Berthel, Jürgen und Fred G. Becker: Personal-Management. Grundzüge für Konzeptionen betrieblicher Personalarbeit. Stuttgart (Schäffer-Poeschel) 2013, S. 174 und Scholz, Christian: Personalmanagement. Informationsorientierte und verhaltenstheoretische Grundlagen. München (Vahlen) 2014, S. 1086ff.
[315] ebenda, S. 174.
[316] Scholz, Christian: Personalmanagement. Informationsorientierte und verhaltenstheoretische Grundlagen. München (Vahlen) 2014, S. 1086.
[317] Scholz, Christian: Personalmanagement. Informationsorientierte und verhaltenstheoretische Grundlagen. München (Vahlen) 2014, S. 1086.
[318] Hoffmann, Tobias M.: Motivation im Führungskontext von Sozialunternehmen. Wiesbaden (Springer Gabler) 2016, S. 39.

5.2 Prozesstheorien der Motivation

Prozesstheorien versuchen zielorientiertes Handeln zu erklären und gehen auf Interaktion verschiedener Faktoren, die Motivation bewirken, ein. Weiterhin werden kognitive und affektive Prozesse untersucht, mit denen Menschen Reaktionen auf Anreize zeigen.[319]

5.2.1 VIE-Theorie nach Vroom

Das Valenz-Instrumentalitäts-Erwartungs-Modell (VIE-Theorie) von Victor H. Vroom (1964) besagt, dass Leistungsbereitschaftsstärke (Motivation) eines Mitarbeiters ein Produkt der Valenzen (V), der angenommenen Instrumentalität (I) und der Stärke der angenommenen Erfolgserwartung (E) darstellt.[320] Das bedeutet, dass Menschen nur dann eine Anstrengung auf sich nehmen, wenn damit ein gewünschtes Ziel erreicht werden kann. Also der subjektiv wahrgenommene Nutzen maximiert wird (Weg-Ziel-Ansatz).[321] Ist eine der von Vroom genannten Variablen nicht vorhanden, kann keine Arbeitsmotivation erzielt werden.[322] Valenz ist der wahrgenommene Wert eines Ergebnisses einer Handlung. Ergebnisse mit positiver Valenz werden potentiell angestrebt, die mit negativer Valenz werden vermieden.[323]

Valenzen erster Ebene sind Belohnungen die als Anreiz dienen. Valenzen zweiter Ebene sind Bedürfnisse und Ziele die ein Mensch anstrebt.[324] Instrumentalität ist Ausdruck des Verknüpfungsgrades zwischen Handlungsergebnis und Handlungsfolge und bezeichnet die Erwartung des Menschen, dass eine Handlung dazu beiträgt, die als bedeutsam erachteten persönlichen Bedürfnisse/ Ziele zu befriedigen (Zweck-Mittel-Denken).[325] Erwartung ist auf die subjektive Wahrscheinlichkeit bezogen, dass eine Handlung zum

---

[319] Nerdinger, Friedmann W., Gerhard Blickle und Niclas Schaper: Arbeits- und Organisationspsychologie. Ber-lin (Springer) 2014, S. 432 und Holtbrügge, Dirk: Personalmanagement. Wiesbaden (Springer Gabler) 2015, S. 14

[320] Berthel, Jürgen und Fred G. Becker: Personal-Management. Grundzüge für Konzeptionen betrieblicher Personalarbeit. Stuttgart (Schäffer-Poeschel) 2013, S. 60f.

[321] Holtbrügge, Dirk: Personalmanagement. Berlin (Springer Gabler) 2015, S.20f.

[322] ebenda, S.22.

[323] Berthel, Jürgen und Fred G. Becker: Personal-Management. Grundzüge für Konzeptionen betrieblicher Personalarbeit. Stuttgart (Schäffer-Poeschel) 2013, S. 60.

[324] Beck, Christian und Doris Klafl: Menschen und Arbeitsaspekte in der Organisation Krankenhaus. Fokus Arbeitsmotivation, Coaching, Führung. Hamburg (Diplomica) 2013, S. 75ff.

[325] Holtbrügge, Dirk: Personalmanagement. Berlin (Springer Gabler) 2015, S.21.

gewünschten Resultat führt.[326] Diese wird wiederum in Handlungs-Ergebnis-Erwartung[327] und Ergebnis-Folge-Erwartung[328] unterschieden (Abb. 15).[329]

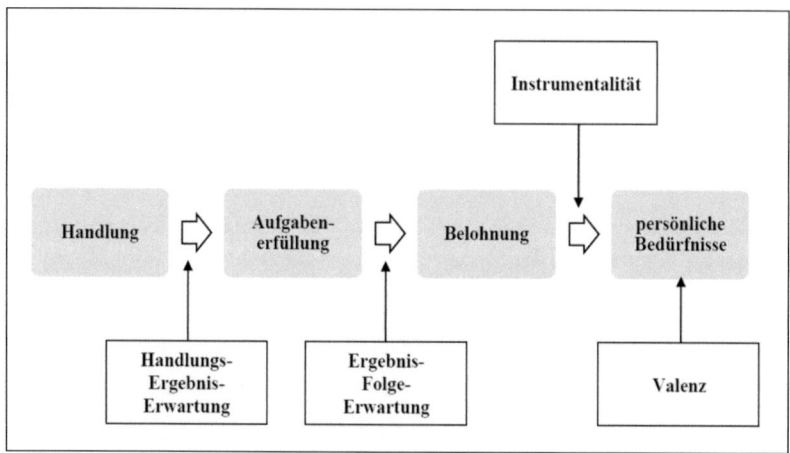

Abbildung 15: Zusammenhänge der VIE-Theorie nach Vroom (eigene Darstellung)[330]

5.2.2 Motivationsmodell nach Porter/ Lawler

Das Model von Lyman W. Porter und Edward E. Lawler (1968) versucht die Frage nach dem Zusammenhang zwischen Motivation, Leistung und Arbeitszufriedenheit zu beantworten.[331]

Mittelpunkt des Modells bilden die vier Faktoren Anstrengung, Leistung, Belohnung und Zufriedenheit. Dessen Zusammenwirken wird von weiteren Einflüssen bestimmt (Abb. 16).[332]

---

[326] Berthel, Jürgen und Fred G. Becker: Personal-Management. Grundzüge für Konzeptionen betrieblicher Personalarbeit. Stuttgart (Schäffer-Poeschel) 2013, S. 60.
[327] Die Handlungs-Ergebnis-Erwartung bezieht sich auf die Wahrscheinlichkeit, dass eine bestimmte Handlung zu einem bestimmten Resultat führt.
[328] Die Ergebnis-Folge-Erwartung bezieht sich auf die Wahrscheinlichkeit, dass mit Erreichung eines bestimmten Resultates eine erwünschte Folge eintritt.
[329] Holtbrügge, Dirk: Personalmanagement. Berlin (Springer Gabler) 2015, S.21.
[330] ebenda, S.21.
[331] Berthel, Jürgen und Fred G. Becker: Personal-Management. Grundzüge für Konzeptionen betrieblicher Personalarbeit. Stuttgart (Schäffer-Poeschel) 2013, S. 63.
[332] Holtbrügge, Dirk: Personalmanagement. Berlin (Springer Gabler) 2015, S.23.

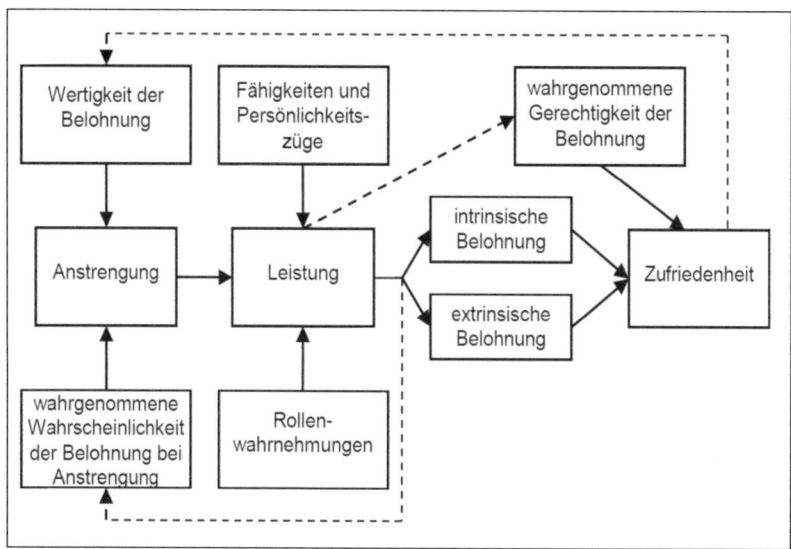

Abbildung 16: Motivationsmodell nach Porter/ Lawler[333]

Anstrengung ist die Intensität, die Mitarbeiter zur Erfüllung seiner Aufgaben einsetzt und ist abhängig von der Valenz (Wertigkeit der Belohnung) sowie von der empfunden Wahrscheinlichkeit, dass eine Belohnung folgt. Ergebnis der Bemühung ist eine Arbeitsleistung (vom Unternehmen bewertete Anstrengung), welche von persönlichen Fähigkeiten und Persönlichkeitszügen sowie der Rollenwahrnehmung bei der Arbeit beeinflusst wird. Folge der Leistung ist eine intrinsische und/ oder extrinsische Belohnung durch das Unternehmen. Für das nachfolgende Zufriedenheitsempfinden des Menschen ist maßgeblich die erlebte Gerechtigkeit der Belohnung ausschlaggebend. Mitarbeiterzufriedenheit tritt demnach dann ein, wenn Leistungsbelohnung als angemessen empfunden wird oder den Erwartungen übertrifft. Dem Ansatz nach, stellt Zufriedenheit eine Bedingung und Konsequenz für Leistung dar.[334]

5.2.3 Zielsetzungstheorie nach Locke

Die Zielsetzungstheorie (1968) von Locke folgt der Auffassung, dass ein Zusammenhang zwischen Zielen, Leistungen und Leistungsbereitschaft beim Menschen besteht. Bewusste Ziele des Individuums sind Determinanten für Leistung und werden

---

[333] ebenda S.24.

[334] Berthel, Jürgen und Fred G. Becker: Personal-Management. Grundzüge für Konzeptionen betrieblicher Personalarbeit. Stuttgart (Schäffer-Poeschel) 2013, S. 63f und Holtbrügge, Dirk: Personalmanagement. Berlin (Springer Gabler) 2015, S.23f.

angestrebt um eigene Wünsche zu befriedigen. Bewusste Ziele eines Menschen sind handlungs- und verhaltensleitend.[335] Zielstellungen wirken sich auf vier Verhaltensaspekte aus:[336]

- Handlungsrichtung wird verdeutlicht, wahrgenommen und beachtet.
- Herausfordernde und erreichbare Ziele verstärken die Anstrengung des Leistungsverhaltens.
- Ziele verlängern die Ausdauer des Leistungsverhaltens.
- Problemlösungsstrategien werden generiert.

Zu den Wirkmechanismen kommen Moderatoren, welche je nach Intensität dazu beitragen, dass o. g. Wirkmechanismen mehr oder weniger zum tragen kommen und Leistungsbemühen beeinflussen.[337]

- Rückmeldungen spezifischer, direkter und externer Art verstärken die Leistungsbereitschaft.
- Präzise und spezifische Ziele erhöhen Leistungsqualität und -bereitschaft.
- Qualifikationsentsprechende Aufgabenkomplexität erhöht das Wollen und Können.
- Zielbindung ist hilfreich bei der Zielerreichung. Zugewiesene Ziele können bei Wichtigkeit und Erklärung ebenso motivierend sein wie persönliche Ziele.

Die Zielsetzungstheorie ist eine relevante Theorie im Führungskontext, da konkrete Bedingungen für Leistungen von Mitarbeitern abgeleitet werden können und sich konkrete Maßnahmen für Führungskräfte herleiten lassen.[338]

[335] Berthel, Jürgen und Fred G. Becker: Personal-Management. Grundzüge für Konzeptionen betrieblicher Personalarbeit. Stuttgart (Schäffer-Poeschel) 2013, S. 67.
[336] ebenda, S. 67 sowie von Rosenstiel, Lutz, Erika Regnet und Michael E. Domsch (Hrsg.): Führung von Mitarbeitern. Handbuch für erfolgreiches Personalmanagement. Stuttgart (Schäffer-Poeschel) 2014, S. 178.
[337] Berthel, Jürgen und Fred G. Becker: Personal-Management. Grundzüge für Konzeptionen betrieblicher Personalarbeit. Stuttgart (Schäffer-Poeschel) 2013, S. 67f.
[338] Blessin, Bernd und Alexander Wick: Führen und führen lassen. Konstanz (UVK Lucius) 2014, S. 270.

6 Management-by Führungstechniken

Unter Führungstechniken werden Techniken verstanden, welche von Führungskräften zur Mitarbeiterführung eingesetzt werden können. Die Techniken wurden vorrangig in den 1970er und 1980er Jahren entwickelt.

Management-by Techniken stellen in der Regel einen Aspekt des Führungsprozesses vordergründig dar. Sie basieren bedingt auf empirischen Erkenntnissen, vielmehr wurden diese Techniken aus Erfahrungen von Führungskräften abgeleitet. In der Literatur sind zahlreiche Management-by Führungstechniken (Tab. 8) beschrieben worden.[339]

… by Objectives	… by Decision Rules	… by Motivations
… by Participation	… by Delegation	… by Systems
… by Exceptions	… by Rules	… by Results
… by Communication	… by Alternatives	… by Breakthrough

Tabelle 8: Auswahl an Management-by Techniken (eigene Darstellung)[340]

In der einschlägigen Literatur[341] wird besonders auf Management by Objectives und Management by Exceptions eingegangen.

6.1 Management by Objectives (MbO)

Der Ansatz Management by Objectives (Führung durch Zielvereinbarungen) von Drucker (1956) und Odiorne (1967) hat als wichtigstes Prinzip, den Vorrang von Zielvorgaben. Beim Management by Objectives werden mit dem Mitarbeiter wichtige Ziele vereinbart und die Messung erfolgt über Zielrealisierung.[342] Ein Erfolg dieses Ansatzes hängt von Vereinbarkeit und Konsistenz der Ziele ab. Zielvereinbarungen müssen nach dem SMART-Konzept[343] formuliert werden.[344] Empirische Studien haben

[339] Springer Fachmedien Wiesbaden (Hrsg.): Kompakt-Lexikon. HR. 650 Begriffe nachschlagen, verstehen, anwenden. Wiesbaden (Springer Gabler) 2013, S. 87f und Scholz, Christian: Personalmanagement. Informationsorientierte und verhaltenstheoretische Grundlagen. München (Vahlen) 2014, S. 1149.
[340] ebenda, S. 87f und ebenda, S. 1149.
[341] Blessin, Bernd und Alexander Wick: Führen und führen lassen. Konstanz (UVK Lucius) 2014, S. 117, 270, 278; Wöhe, Günter und Ulrich Döring: Einführung in die Allgemeine Betriebswirtschaftslehre. München (Vahlen) 2013, S. 118-120; Schreyögg, Georg und Daniel Geiger: Organisation. Grundlagen moderner Organisationsgestaltung. Mit Fallstudien. Wiesbaden (Springer Gabler) 2016, S. 53, 80 und Scholz, Christian: Personalmanagement. Informationsorientierte und verhaltenstheoretische Grundlagen. München (Vahlen) 2014, S. 1150.
[342] Holtbrügge, Dirk: Personalmanagement. Berlin (Springer Gabler) 2015, S.231.
[343] Die Ziele müssen spezifisch (Zielinhalt muss eindeutig/ exakt formuliert sein), messbar (Zielausmaß und Grad der Zielerreichung), ansprechend (Vorhandensein von sachlichen, finanziellen sowie personellen Ressourcen), realistisch (herausfordernde aber nicht überfordernde Ziele für die Mitarbeiter) und terminiert (definierter Zeitpunkt der Zielerreichung und rechtzeitiges Feedback) sein. ebenda, S.232.
[344] ebenda, S.232.

als potentielle Gefahr von Zielvereinbarungen aufgezeigt, dass Mitarbeiter relevante Tätigkeiten ausblenden, welche nicht als Ziel erfasst wurden.[345]

Management by Objectives fördert Mitarbeiterpartizipation und dient der Befriedigung von Personalbedürfnissen wie Sicherheit, Wertschätzung, Selbstverwirklichung und Selbstentfaltung.[346] Zielvereinbarungen können im Krankenhaus unterschiedlichster Art sein. Zu den Gegenständen von Vereinbarungen können unter anderem Ausfallquoten, Erlöse, Kosten, Verhalten des Mitarbeiters oder Weiterentwicklung des Mitarbeiters gehören.[347]

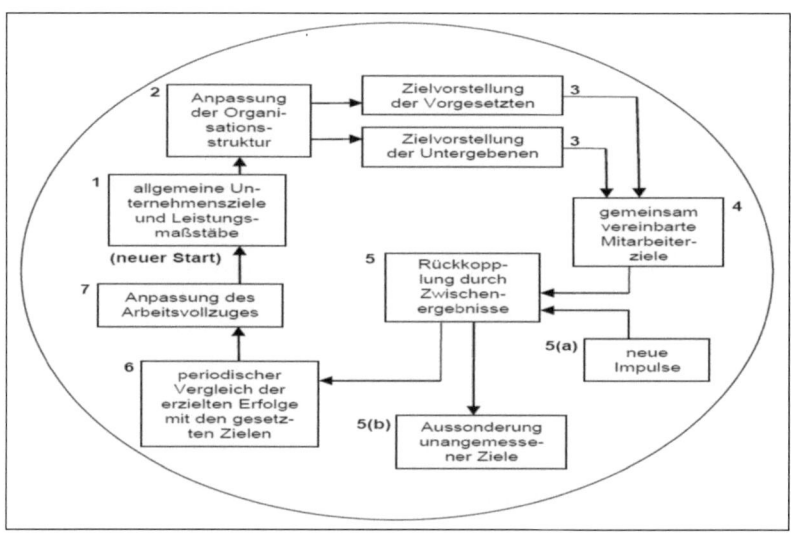

Abbildung 17: Management by Objectives nach Odiorne (1967)[348]

Der Zielvereinbarungsprozess (Abb. 17) beginnt mit Festlegung der Krankenhausziele, davon ausgehend werden Intention der Führungskraft und Wünsche des Mitarbeiters in einem gemeinsamen Ziel vereinbart. Dieses wird rückgekoppelt um sicher zu stellen, dass vereinbarte Zielstellung einen Beitrag zur Unternehmensvision leistet/ leisten kann. Bei der Kontrolle erster Zwischenergebnisse kann eine Aussonderung ungemessener Ziele und neue Impulse nötig werden. In regelmäßigen Abständen erfolgt ein Abgleich gesetzter Ziele mit dem tatsächlich Erreichtem. Als Resultat kann eine Anpassung des

[345] ebenda, S.232.
[346] Naegler, Heinz: Personalmanagement im Krankenhaus. Berlin (MWV) 2014, S. 283f.
[347] ebenda, S. 284f.
[348] Holtbrügge, Dirk: Personalmanagement. Berlin (Springer Gabler) 2015, S.231.

78

Arbeitsvollzuges oder Änderung der Unternehmensziele stattfinden.[349] Beim Managementkonzept MbO ist Vertrauen zwischen Führungskraft und Mitarbeiter essentiell.

Nachgewiesen wurde, dass bei vorhandenem Vertrauen die Effizienz des MbO deutlich höher ist, als bei geringer oder fehlender Vertrauensbeziehung zwischen Führungskraft und Personal.[350]

6.2 Management by Exceptions (MbE)

Das Management by Exceptions Konzept beruht auf der Annahme, dass einer Führungskraft nicht möglich ist über alle Entwicklungen in einer Organisation informiert zu sein und alle Entscheidungen selbst zu treffen. Das ist auch nicht erforderlich. Im Rahmen von Zielvorgaben und festgelegten Schwellenwerten, entscheiden und handeln Mitarbeiter nach eigenem Ermessen. Vorgesetzteninformation erfolgt bei Unter- oder Überschreitung der Schwellenwerte.[351] Die Führungskraft greift nur in Ausnahmefällen ein und Interventionen finden nur dann statt, wenn sich eine Störung der Zielvereinbarung ankündigt oder bereits vorliegt.[352] Das MbE-Konzept erweitert die Beteiligung der Mitarbeiter bei der Entscheidungsfindung um die Entscheidungskontrolle aus, da Verantwortung ans Personal delegiert wird.[353] Unterschieden wird zwischen aktivem und passivem MbE. Bei aktivem MbE ist die Führungskraft durch einen hohen Kontrollgrad gekennzeichnet, sie beobachtet Abweichungen sehr aufmerksam, schreitet bei Fehlern oder Abweichungen sofort ein und ergreift Korrekturmaßnahmen, ist auf Verhaltenskontrolle fixiert und erteilt negatives Feedback.[354] Bei passivem MbE greift die Führungsperson erst korrigierend ein, wenn bereits Fehler oder Abweichungen eingetreten sind. Der Kontrollschwerpunkt liegt auf Ergebniskontrolle. Feedback erfolgt negativ.[355] Gefahr bei aktivem MbE ist, dass der Vorgesetzte häufig in den Arbeitsfluss eingreift und somit das Personal

[349] Naegler, Heinz: Personalmanagement im Krankenhaus. Berlin (MWV) 2014, S. 285f

[350] von der Oelsnitz, Dietrich und Jürgen Weibler (Hrsg.): Führung, Macht und Vertrauen in Organisationen. Stuttgart (Kohlhammer) 2006, S. 126f.

[351] Holtbrügge, Dirk: Personalmanagement. Berlin (Springer Gabler) 2015, S.234.

[352] Schulenburg, Nils: Führung einer neuen Generation. Wie die Generation Y führen und geführt werden sollte. Wiesbaden (Springer Gabler) 2016, S. 107.

[353] Holtbrügge, Dirk: Personalmanagement. Berlin (Springer Gabler) 2015, S.234.

[354] Peters, Theo: Leadership. Traditionelle und moderne Konzepte. Mit vielen Beispielen. Wiesbaden (Springer Gabler) 2015, S. 53 und Schulenburg, Nils: Führung einer neuen Generation. Wie die Generation Y führen und geführt werden sollte. Wiesbaden (Springer Gabler) 2016, S. 107ff.

[355] ebenda, S. 53 und ebenda, S. 107ff.

demotiviert.[356] Bei passivem MbE besteht Gefahr, dass durch stattgefundene Fehler der Mitarbeiter dem Unternehmen bereits Fehlerkosten entstehen können.

Vorteil des passivem MbE ist, dass Mitarbeiter die Möglichkeit haben aus eigenen Fehlern zu lernen.[357] Management by Exception ist ein elementarer Bestandteil der transaktionalen Personalführung.[358]

[356] Schulenburg, Nils: Führung einer neuen Generation. Wie die Generation Y führen und geführt werden sollte. Wiesbaden (Springer Gabler) 2016, S. 108.
[357] Schulenburg, Nils: Führung einer neuen Generation. Wie die Generation Y führen und geführt werden sollte. Wiesbaden (Springer Gabler) 2016, S. 108.
[358] Peters, Theo: Leadership. Traditionelle und moderne Konzepte. Mit vielen Beispielen. Wiesbaden (Springer Gabler) 2015, S. 53.

7 Wirkungen der Personalführung auf das Pflegepersonal

Personalführung manifestiert sich auf drei Managementeben. Für die strategische Ebene ist die Unternehmenskultur ausschlaggebend, diese wirkt auf das Verhalten aller Mitarbeiter in einem Unternehmen. Die taktische Ebene der Personalführung beinhaltet Führung von Gruppen und wirkt auf diese ein. Führungsbeziehung der Führungskraft zu den einzelnen Mitarbeitern ist der Mittelpunkt der operativen Ebene. Somit existiert bei der Personalführung immer Unternehmenskultur, ein Gruppenverhalten und eine Individualführung. Unabhängig davon, ob sich die Führungskraft bewusst mit diesen Themen auseinandersetzt.[359] Die Auseinandersetzung mit Führungstheorien und den Theorien zur Arbeitsmotivation ergab, dass ein Zusammenhang zwischen Führungsperson, Führungsverhalten, Arbeitszufriedenheit, Leistungsverhalten, Motivation und Unternehmensbindung besteht. Folgende Kapitel sind auf taktische und operative Ebene der Personalführung fokussiert, wenngleich Unternehmenskultur mit Personalführung in einer wechselseitigen Beziehung steht und somit auch eine Wirkung auf das Mitarbeiterverhalten besitzt. Forschungen von Dierkes, von Rosenstiel und Steger (1993) ergaben, dass Organisationskultur alle Mitglieder eines Unternehmens im Denken, Verhalten und in der Wahrnehmung beeinflusst.[360]

7.1 Arbeitszufriedenheit und Leistungsverhalten

Leistungsverhalten von Mitarbeitern wird maßgeblich durch die zwischenmenschliche Beziehung der Führungskraft und dem Personal, sowie durch Zielvereinbarungen zwischen Geführtem und Führungskraft bestimmt.[361]

Nach Locke´s Zielsetzungstheorie, zeigt ein Mitarbeiter Arbeitszufriedenheit, wenn die erreichten Ziele seitens der Führungskraft beachtet und wahrgenommen werden (Kapitel 5.2.3). Für Wahrnehmung und Belohnung ist der Vorgesetzte verantwortlich.[362] Nach dem Motivationsmodell von Porter/ Lawler (Kapitel 5.2.2) lässt sich dieser Zusammenhang nochmals veranschaulichen und festigen. Der Vorgesetzte vereinbart

---

[359] Scholz, Christian: Personalmanagement. Informationsorientierte und verhaltenstheoretische Grundlagen. München (Vahlen) 2014, S. 895ff.
[360] von Rosenstiel, Lutz, Erika Regnet und Michael E. Domsch (Hrsg.): Führung von Mitarbeitern. Handbuch für erfolgreiches Personalmanagement. Stuttgart (Schäffer-Poeschel) 2014, S. 722.
[361] Loffing, Dina und Christian Loffing: Mitarbeiterbindung ist lernbar. Praxiswissen für Führungskräfte in Gesundheitsfachberufen. Berlin (Springer) 2010, S. 150.
[362] Loffing, Dina und Christian Loffing: Mitarbeiterbindung ist lernbar. Praxiswissen für Führungskräfte in Gesundheitsfachberufen. Berlin (Springer) 2010, S. 150.

ein Ziel mit dem Mitarbeiter, der misst seine aufzuwendende Anstrengung (Arbeitsverhalten) an der Wertigkeit der Belohnung und wahrgenommenen Wahrscheinlichkeit der Belohnung bei Anstrengung. Dieser erbrachten Leistung (erfülltes Ziel) folgt eine Honorierung durch die Führungskraft, erlebt der Mitarbeiter diese als für ihn gerecht und angemessen, wird Arbeitszufriedenheit generiert. Bleibt eine Belohnung aus, kann Unzufriedenheit beim Angestellten entstehen. Gleichzeitig ist Arbeitszufriedenheit eine Voraussetzung für Leistungsverhalten des Mitarbeiters. Judge et al. (2004) konnten belegen, dass eine Mitarbeiterorientierung durch die Führungskraft stark mit Zufriedenheit korreliert. Bei Aufgabenorientierung gab es eine dezent schwächere Korrelation bezüglich des Leistungsverhalten des Personals.[363] Die Ohio Studien ergaben, dass vornehmlich aufgabenorientiertes Führungsverhalten zu hohen Gruppenleistungen führen kann, aber Fehlzeiten und Fluktuation ansteigen, wenn nicht gleichzeitig eine Beziehungsorientierung der Führungskraft hinzukommt. Indessen steigert mitarbeiterorientiertes Führungsverhalten die Mitarbeiterzufriedenheit.[364] Neuberger (2002) stellte fest, dass Zusammenhänge zwischen Arbeitszufriedenheit und Leistungsverhalten positiv korrelieren.[365] Das Job Characteristics Modell (Kapitel 2.4.1) geht davon aus, wenn Merkmale der Arbeit entsprechend ausgeprägt sind und Mitarbeiter Sinn, Verantwortung und Rückkopplung bezüglich ihrer Arbeit erleben, folgen hohe Leistungsqualität und hohe Zufriedenheit des Personals als Resultat.

Die unmittelbare Führungskraft hat einen Einfluss auf Merkmalsgestaltung der Arbeit sowie auf den Erlebniszustand des Mitarbeiters. Blickle, Kane-Frieder, Oerder et al. (2013) fanden heraus, dass viel Macht und niedrige politische Fertigkeiten[366] eines Vorgesetzten zu Mitarbeiterunzufriedenheit führte und viel Macht und hohe politische Fertigkeiten hohe Zufriedenheit zur Folge hatte.[367] Auch die NEXT-Studie (2005) zeigte ausgeprägte Kausalitäten zwischen Führungsqualität und Unterstützung durch die

---

[363] Nerdinger, Friedmann W., Gerhard Blickle und Niclas Schaper: Arbeits- und Organisationspsychologie. Berlin (Springer) 2014, S. 89.

[364] Berthel, Jürgen und Fred G. Becker: Personal-Management. Grundzüge für Konzeptionen betrieblicher Personalarbeit. Stuttgart (Schäffer-Poeschel) 2013, S. 176.

[365] Schmidt, Burkhard: Transformationale und transaktionale Führung als erfolgreicher Führungsstil für Leistung und Gesundheit? Eine kritische Überprüfung des „Full Range of Leadership"-Konzeptes für das betriebliche Gesundheitsmanagement. Dortmund, Technische Universität, Fakultät Theologie und Humanwissenschaften, Dissertation, 2011, S.123f. pdf-Datei: https://eldorado.tu-dortmund.de/bitstream/2003/29392/1/Dissertation.pdf. Zugriff am: 13.6.2017.

[366] Zu den politischen Fertigkeiten einer Führungskraft gehören nach Ewen, Wihler, Blickle, Oerder, Ellen, Douglas und Ferris (2013) die Kompetenz, die Bedürfnisse anderer zu erkennen (auch wenn diese nicht explizit artikuliert wurden), Handlungsflexibilität, Fertigkeit andere Personen zu bewegen und dabei eigene Vorteile für das Wohl der Gruppe unterzuordnen sowie durch eigenes Auftreten bestimmten Situationen einen Sinn definieren zu können. Nerdinger, Friedmann W., Gerhard Blickle und Niclas Schaper: Arbeits- und Organisationspsychologie. Berlin (Springer) 2014, S. 88.

[367] ebenda, S. 89.

Führungskraft und erlebter Arbeitszufriedenheit der Mitarbeiter.[368] Arbeitszufriedenheit und Leistungsverhalten können nicht isoliert betrachtet werden, vielmehr kann Unzufriedenheit zur Leistungsabnahme führen. Bezugnehmend auf die Fragestellung, ob Personalführung eine Auswirkung auf das Verhalten des Personals besitzt kann festgestellt werden, dass Mitarbeiterzufriedenheit über mitarbeiterorientierte Personalführung generiert werden kann. Herausgearbeitet werden konnte, dass Zielvereinbarungen (Kapitel 6.1) insofern wichtig sind, Arbeit einen Sinn zu vermitteln. Die Zielstellung allein ist für Mitarbeiter nicht ausreichend, vielmehr müssen geeignete und individuelle Belohnungsmechanismen an die Zielstellung gekoppelt werden. Voraussetzung ist, dass eine Führungskraft ihre Mitarbeiter bezüglich ihrer Wertvorstellungen (Kapitel 3.5) und Bedürfnisse (Kapitel 5.1 sowie Kapitel 5.2) einschätzen kann. Unabhängig davon, ob Werte und Bedürfnisse seitens der Mitarbeiter explizit geäußert wurden. Wird von Maslow's Bedürfnispyramide ausgegangen gehören Wertschätzung, Angstfreiheit und Zugehörigkeit zu elementaren Bedürfnissen eines Menschen. Werden die unter Kapitel 4.6. genannten Aspekte, des nicht ethischen Führungsverhaltens betrachtet, so wirken besonders „schlechte Führer" und „schlechte Situationen" negativ auf die Erreichung der Organisationsziele und Lebensqualität der Mitarbeiter.

Insbesondere, wenn die Führungskraft anstatt Mitarbeiterbedürfnisse eigene Bedürfnisse präferiert verfolgt.[369] Vorgesetzte mit dem Streben nach personaler Macht sowie Persönlichkeitseigenschaften wie Arroganz und Dominanz neigen zum destruktiven Führungsverhalten.[370] Nach der Zweifaktoren-Theorie nach Herzberg (Kapitel 5.1.3), wären mit einer derartig beschriebenen Führungsperson weder Motivatoren noch Hygienefaktoren vorhanden. Folglich kann Personalunzufriedenheit resultieren. Da autokratischer und autoritärer Führungsstil stark auf Macht beruhen, sind diese in Bezug auf Zufriedenheit am ehesten als nicht geeignet einzuschätzen. Auch im Managerial grid (Kapitel 4.1.5), ist der 9.1 Führungsstil mit einer hohen Sachorientierung „Befehl-Gehorsam-Management" als Stil mit niedriger Menschenorientierung zugeordnet.

---

[368] Simon, Michael, Peter Tackenberg und Hans-Martin Hasselhorn et al.: Auswertung der ersten Befragung der NEXT-Studie in Deutschland. Wuppertal (Eigenverlag) 2005, S. 43f. pdf-Datei: http://www.next.uni-wuppertal.de/index.php?artikel-und-berichte-1. Zugriff am: 28.6.2017.
[369] von der Oelsnitz und Jürgen Weibler: Führungsethik in Organisationen. Stuttgart (Kohlhammer) 2012, S. 34-38.
[370] ebenda, S. 38.

7.2 Motivation

Im Fünften Kapitel wurden Inhalts- und Prozesstheorien der Motivation und Arbeitszufriedenheit beschrieben. Motivationsprozesse sind sehr komplex und hängen von vielen Faktoren ab.[371] Im folgendem wird sich auf den Einfluss der Führungskraft bei der Mitarbeitermotivation fokussiert. Aus dem Engagement Index (2008) und der Hewitt-Studie (2008) ging hervor, dass ein Mangel an Wertschätzung und Anerkennung durch die Führungsperson zur Motivationsverringerung beim Personal führt.[372] Der Human-Resource-Ansatz spricht dem Führendem, besonders dem Führungsstil, eine hohe Bedeutung bei Motivations- und Kooperationsverhalten der Mitarbeiter zu.[373] Wird von Maslow´s Bedürfnispyramide ausgegangen zeigt sich, dass Wertschätzung und Anerkennung zu Bedürfnissen eines Menschen gehören. Folgend der Annahme, dass die Arbeitsmotivation des Individuums am höchsten ist, wenn alle Grundbedürfnisse bei der Arbeit erfüllt werden können.[374]

Bedürfnisse nach Selbstverwirklichung, Anerkennung, Achtung, Wertschätzung, Zugehörigkeit und Angstfreiheit bzw. Sicherheit können durch die Führungsperson positiv beeinflusst werden (Tab. 9).[375]

Grundbedürfnis des Mitarbeiters	Führungskraft unterstützt durch
Selbstverwirklichung	Eigenverantwortlichkeit bei den Tätigkeiten
	Individuelle Gestaltungsmöglichkeiten
	Herausfordernde Tätigkeiten
Wertschätzung	Feedback
	Kommunikation und Information
	Delegation von Verantwortung
Zugehörigkeit	Partizipation
Sicherheit	Information über Aufgaben und Erwartungen
	Eindeutige Regeln und Vorschriften
	Berechenbarkeit von Verhalten und Konsequenzen

Tabelle 9: Unterstützungsmöglichkeiten der Führungskraft bei der Bedürfnisbefriedigung der Mitarbeiter nach Knoblauch 2004 (eigene Darstellung)[376]

---

[371] Niermeyer, Rainer: Motivation. Instrumente zur Führung und Verführung. Freiburg (Haufe) 2007, S. 21f.

[372] Loffing, Dina und Christian Loffing: Mitarbeiterbindung ist lernbar. Praxiswissen für Führungskräfte in Gesundheitsfachberufen. Berlin (Springer) 2010, S. 147.

[373] Schreyögg, Georg: Grundlagen der Organisation. Basiswissen für Studium und Praxis. Wiesbaden (Springer Gabler) 2016, S. 119.

[374] ebenda, S. 121f.

[375] Loffing, Dina und Christian Loffing: Mitarbeiterbindung ist lernbar. Praxiswissen für Führungskräfte in Gesundheitsfachberufen. Berlin (Springer) 2010, S. 13.

[376] ebenda, S. 13.

Nach McCrea und Costa (Kapitel 4.1.1) sind Führungskräfte erfolgreich, wenn sie unter anderem offen, gesprächig, kooperativ, einfühlend, gewissenhaft, beherrscht und emotional (Tab. 2) sind. Die genannten Eigenschaften sind Voraussetzung für die Unterstützung bei der Bedürfniserfüllung der Mitarbeiter. Dem Job Characteristics Modell (Kapitel 2.4.1) folgend, sind Merkmale der Arbeit entscheidend für den Erlebniszustand des Personals und dessen Motivation bei der Arbeit. Demnach lässt sich autoritärer und patriarchalischer Führungsstil als demotivierend identifizieren.[377] Beim autoritärem Führen sind die zu Führenden Empfänger klarer Anweisungen, Kommunikation erfolgt nur partiell und somit können Mitarbeiter Zusammenhänge kaum erkennen. Tätigkeiten erfolgen nicht auf eigenverantwortlicher Basis, Mitarbeiterförderung findet nicht statt, Kreativität und Eigeninitiative werden gehemmt.[378]

Merkmale der autoritären Führungskraft stehen der Mitarbeitermotivation konträr entgegen. Indessen lassen sich der kooperative/ demokratische, konsultative, partizipative und delegative Führungsstil einem motivierendem Führungsstil zuordnen.[379] Der Vorgesetzte beeinflusst durch den festgelegten Handlungsrahmen für die Mitarbeiter maßgeblich die Motivation.[380] Eine starke gegenseitige Vertrauensbeziehung fördert die Arbeitsmotivation des Personals.[381] Rosemann/Schweer (1992) belegten, dass je stärker eine Führungskraft ihren Machtstatus betont, desto negativer ist die Auswirkung auf das Vertrauen zwischen Team und Führungskraft.[382] Als vertrauensförderlich erwiesen sich die Bereitschaft des Führenden aktiv zu zuhören, eine wechselseitige Kommunikation zu ermöglichen, das Eingehen auf Wünsche/ Gefühle des Mitarbeiters und ein respektvoller Umgang bei Fehlern.[383] An das gegenseitige Vertrauen (Kapitel 4.2.2) sind ähnlich wie bei erfolgreichen Führungspersönlichkeiten nach McCrea und Costa, bestimmte Charaktereigenschaften des führenden Mitarbeiters gebunden. Der Einfluss der Personalführung ist umso größer, wenn die zu Führenden das Führungsverhalten als

---

[377] Hoffmann, Tobias M.: Motivation im Führungskontext von Sozialunternehmen. Wiesbaden (Springer) 2016, S. 58.
[378] Mahlmann, Regina: Führungsstile gezielt einsetzen. Mitarbeiterorientiert, situativ und authentisch führen. Weinheim (Beltz) 2011, S. 18f.
[379] Hoffmann, Tobias M.: Motivation im Führungskontext von Sozialunternehmen. Wiesbaden (Springer) 2016, S. 58.
[380] Niermeyer, Rainer: Motivation. Instrumente zur Führung und Verführung. Freiburg (Haufe) 2007, S. 9.
[381] von der Oelsnitz, Dietrich und Jürgen Weibler (Hrsg.): Führung, Macht und Vertrauen in Organisationen. Stuttgart (Kohlhammer) 2006, S. 125.
[382] ebenda, S. 137.
[383] ebenda, S. 137.

erfolgreich ansehen.[384] Studien von Bass (1999), Neuberger (2002), von Rosenstiel und Wegge (2004) sowie Felfe (2006) belegten, dass transformationale Führungskräfte erfolgreich sind.[385] Church und Waclawski (1998), Crant und Bateman (2000) sowie Silverthorne (2001) bewiesen, dass ein transformationaler Führungsstil an Persönlichkeitseigenschaften gebunden ist. Demnach ist ein transformational führender Vorgesetzter selbstsicher/ selbstbewusst, offen, extravertiert, resilient, proaktiv, sozialkompetent und emotional intelligent.[386] Besonders korrelierten Charaktereigenschaften der Führungsperson wie Extraversion (positiv) und Neurotizismus (negativ).[387]

Ein weiterer Aspekt, der auf Arbeitsmotivation wirkt ist, dass Machteinsatz im Führungskontext mit zahlreichen negativen Folgen auf die zwischenmenschliche Beziehung zwischen Mitarbeiter und Führungskraft in Verbindung steht.[388] Vor allem Bestrafungsmacht (Sanktionen) führt zu negativen Emotionen (z. B. Hass, Furcht, Lust auf Rache), was wiederum negative Auswirkung auf Motivation und die Vertrauensbeziehung besitzt.[389] Unter Betrachtung dieses Gesichtspunktes, kann davon ausgegangen werden, dass besonders autoritärer und autokratischer Führungsstil demotivierend wirken. Nach McClelland´s Theorie (Kapitel 5.1.4) haben vor allem die Variablen Zugehörigkeit, Macht und Leistung einen Einfluss auf Arbeits- bzw. Motivationsverhalten eines Menschen. Zum Leistungsbedürfnis gehören innovative Tätigkeiten und Ziele bei der Arbeit. Das Zugehörigkeitsmotiv äußert sich mit dem Streben des Menschen nach Sicherheit. Auf diese beiden genannten Motive hat die Führungskraft Einfluss. Beispielsweise kann der Vorgesetzte mit einem partizipativem/ delegativem oder kooperativem/ demokratischem Führungsstil den Entscheidungsspielraum der Gruppe erweitern, ein positives Arbeitsklima erzeugen sowie kreatives Potential der Mitarbeiter generieren und so deren Motivation erhöhen.[390]

---

[384] Blessin, Bernd und Alexander Wick: Führen und führen lassen. Konstanz (UVK Lucius) 2014, S. 258f

[385] Schmidt, Burkhard: Transformationale und transaktionale Führung als erfolgreicher Führungsstil für Leistung und Gesundheit? Eine kritische Überprüfung des „Full Range of Leadership"-Konzeptes für das betriebliche Gesundheitsmanagement. Dortmund, Technische Universität, Fakultät Theologie und Humanwissenschaften, Dissertation, 2011, S.118. pdf-Datei: https://eldorado.tu-dortmund.de/bitstream/2003/29392/1/Dissertation.pdf. Zugriff am: 13.6.2017.

[386] ebenda, S. 120.

[387] ebenda, S. 137.

[388] von der Oelsnitz, Dietrich und Jürgen Weibler (Hrsg.): Führung, Macht und Vertrauen in Organisationen. Stuttgart (Kohlhammer) 2006, S. 72-75.

[389] ebenda, S. 74f.

[390] Mahlmann, Regina: Führungsstile gezielt einsetzen. Mitarbeiterorientiert, situativ und authentisch führen. Weinheim (Beltz) 2011, S. 42ff.

7.3 Mitarbeiterbindung und Fluktuation

Mitarbeiterbindung und Vermeidung von Fluktuation sind nicht zu vernachlässigende Faktoren hinsichtlich der Aspekte Motivation, Wissenstransfer und Verlust von Know-how in Unternehmen. Durch wirtschaftliche Rahmenbedingungen ist Personalabbau heute kaum vermeidbar, das allein hat bereits Auswirkungen[391] auf verbleibende Mitarbeiter im Unternehmen. Deshalb ist umso wichtiger, bestehende motivierte Mitarbeiter an das Krankenhaus zu binden.[392]

Die Führungskraft repräsentiert und verwirklicht die Unternehmenskultur. Wertschätzung, Anerkennung, individuelle Förderung und delegierter Arbeitsinhalt tragen maßgeblich zur Mitarbeiterbindung bei.[393] Wertschätzung durch den Vorgesetzten kann unter anderem mittels klarem Feedback, Mitarbeiterinformation, Hilfestellung, Delegation, Partizipation, Erreichbarkeit und Interesse erfolgen.[394] Die Persönlichkeit der Führungskraft ist ein wichtiger Faktor für Mitarbeiterbindung. Loffing (2005) beschreibt die Kompetenzen Selbstreflexion, Selbstmanagement, Sozialkompetenz und soziales Bewusstsein als Grundvoraussetzung für erfolgreiche Mitarbeiterbindung.[395] Personalretention ist auch vom Erfolg der Führungsperson abhängig, unzufriedene und demotivierte Vorgesetzte sind kein Vorbild und können Mitarbeiter nicht binden.[396] Je höher Arbeitszufriedenheit und Bindung des Personals, desto geringer ist die Fluktuation. Führungsqualität korreliert mit der Retention der Mitarbeiter an das Unternehmen. Mangelnde Aufmerksamkeit sowie Anerkennung von Stationsleitungen führt dazu, dass unter anderem Deutschland die geringste Bindung von Pflegefachkräften im Vergleich zu anderen europäischen Staaten aufweist.[397] Eine Studie von Meifert (2005) festigt den Zusammenhang zwischen hoher

---

[391] Zu den Auswirkungen von Personalabbau auf die verbleibenden Mitarbeiter (Survivor) gehören unter anderem Arbeitsunzufriedenheit, Vertrauensverlust, Demotivation, abnehmende Risikobereitschaft, Wut auf das Management und Angst vor eigenem Stellenverlust. von Rosenstiel, Lutz, Erika Regnet und Michel E. Domsch (Hrsg.): Führung von Mitarbeitern. Handbuch für erfolgreiches Personalmanagement. Stuttgart (Schäffer Poeschel) 2014, S. 693.
[392] ebenda, S. 692f.
[393] Loffing, Dina und Christian Loffing: Mitarbeiterbindung ist lernbar. Praxiswissen für Führungskräfte in Gesundheitsfachberufen. Berlin (Springer) 2010, S. 138.
[394] ebenda, S. 149.
[395] ebenda, S. 140.
[396] ebenda, S. 145.
[397] Hasselhorn, Hans-Martin, Bernd Hans Müller und Peter Tackenberg et. al (Hrsg.): Berufsausstieg bei Pflegepersonal. Arbeitsbedingungen und beabsichtigter Berufsausstieg bei Pflegepersonal in Deutschland und Europa. Dortmund (Wirtschaftsverlag NW) 2005, S. 30-45. pdf-Datei der Bundesanstalt für Arbeitsschutz und Arbeitsmedizin: https://www.baua.de/DE/Angebote/Publikationen/Schriftenreihe/Uebersetzungen/Ue15.pdf?__ blob=publicationFile&v=8. Zugriff: 5.5.2017.

Arbeitszufriedenheit und Mitarbeiterretention. Daraus leitet Meifert Handlungsmaxime (Tab. 10) für unmittelbare Vorgesetzte ab.[398]

Abklären von Erwartungen und Anforderungen mit den Mitarbeitern	Verschaffung von adäquaten Arbeitsmitteln bzw. Ressourcen
Herausfordernde Tätigkeiten	Anerkennung für gute Leistungen
Realistische Entwicklungsmöglichkeiten	Partnerschaftliches Betriebsklima

Tabelle 10: Handlungsmaxime zur Förderung der Mitarbeiterzufriedenheit in Bezug auf Mitarbeiterbindung nach Meifert (eigene Darstellung)[399]

Bereits seit einigen Jahrzehnten ist ein positiver Zusammenhang zwischen Arbeitsunzufriedenheit und Fluktuation bekannt.[400]

So kann davon ausgegangen werden, dass eine Prophylaxe der Fluktuation durch Management der Zufriedenheit der Mitarbeiter möglich ist. Dem Coaching, der zu Führenden durch die Führungskraft, wird im Bezug auf Mitarbeiterbindung besondere Bedeutung zugesprochen.[401] Weitere wichtige Aspekte um Personal zu binden sind Beziehungs- und Vertrauensmanagement sowie Kommunikation zwischen Führungskraft und Mitarbeiter.[402] Nach Loffing sind die Hauptaufgaben der Leitungskräfte speziell zur Mitarbeiterretention und somit zur Fluktuationsvermeidung die Mitarbeitermotivation, Schaffung einer kollegialen Atmosphäre, Partizipation der Angestellten unter Beachtung individueller Stärken und Schwächen, klare Zielausrichtung und eine eindeutige Übernahme der Führungsverantwortung.[403] Meifert (2005) formulierte Grundprinzipien der Mitarbeiterbindung. Dazu gehören unter anderem die Berücksichtigung individueller Bedürfnisse im Kontext der unternehmensbezogenen Zielstellung und der Gedanke, dass Mitarbeiterbindung präventiv erfolgen muss.[404] Meifert verweist, dass Personalführung und Unternehmenskultur sowie Arbeitszufriedenheit den markantesten Einfluss auf Mitarbeiterretention besitzen.[405] Kommunikation und Vertrauen bedingen sich gegenseitig

[398] Meifert, Matthias T.: Mitarbeiterbindung. Eine empirische Analyse betrieblicher Weiterbildner in deutschen Großunternehmen. München (Hampp) 2005, S. 209.

[399] ebenda, S. 209.

[400] Huf, Stefan: Ursachen der Fluktuation verstehen, Mitarbeiterbindung optimieren. Pfadmodell und Theorie der Einbettung erweitern das Verständnis. Personalführung (3): 30, 2012.

[401] Meifert, Matthias T.: Mitarbeiterbindung. Eine empirische Analyse betrieblicher Weiterbildner in deutschen Großunternehmen. München (Hampp) 2005, S. 208f.

[402] von Rosenstiel, Lutz, Erika Regnet und Michel E. Domsch (Hrsg.): Führung von Mitarbeitern. Handbuch für erfolgreiches Personalmanagement. Stuttgart (Schäffer Poeschel) 2014, S. 696.

[403] Loffing, Dina und Christian Loffing: Mitarbeiterbindung ist lernbar. Praxiswissen für Führungskräfte in Gesundheitsfachberufen. Berlin (Springer) 2010, S. 149.

[404] Meifert, Matthias T.: Mitarbeiterbindung. Eine empirische Analyse betrieblicher Weiterbildner in deutschen Großunternehmen. München (Hampp) 2005, S. 203f.

[405] ebenda, S. 218f.

und besitzen eine positive Wirkung auf Arbeitsmotivation, die wiederum ist Voraussetzung um Mitarbeiter wirksam am Unternehmen zu behalten.[406]

7.4 Gesundheit der Mitarbeiter

Wird der Aspekt der Mitarbeitergesundheit im Zusammenhang mit Personalführung betrachtet, liegt der Fokus auf Förderung und Erhalt der Arbeitsfähigkeit sowie Gesundheit der Mitarbeiter.[407]

Dimensionen gesunder Führung sind nach Matyssek (2009) Anerkennung/ Lob/ Wertschätzung, Interesse/ Aufmerksamkeit/ Kontakt, Partizipation/ Kommunikation, Transparenz/ Offenheit sowie Belastungsabbau bzw. Ressourcenaufbau durch die Führungskraft. Zahlreiche Studien unter anderem von Badura et al. (2008), Netta (2007) und Kromm et al. (2009) konnten belegen, dass ein partnerschaftlicher Führungsstil positiv auf Mitarbeitergesundheit wirkt. Entgegengesetzt führte mangelnde Wertschätzung/ Lob und fehlende Achtung zur Abnahme der physischen Gesundheit bei Mitarbeitern.[408] Zu den potentiellen negativen Folgen gehören unter anderem Fluktuation, Fehlzeiten, geringe Einsatzbereitschatz und Unzufriedenheit der Angestellten.[409] Fluktuation und Fehlzeiten zählen zu den Spätindikatoren der abnehmenden Mitarbeitergesundheit.[410] Aufgabe der Führungskraft liegt vorrangig bei der Reduzierung von Stressoren und Schaffung von Handlungsspielräumen für das Personal, um negative Folgen zu verhindern.[411] Rimann und Udris (1997), Nübling et al. (2005) und Zok (2011) bewiesen, dass Personal das Vorgesetztenverhalten positiv wahrnahmen weniger Gesundheitsbeschwerden hatten als bei negativem Verhalten des Vorgesetzten. Ergebnisse zu Untersuchungen der Führungsstile sind, dass transformationales und mitarbeiterorientiertes Führen eher gesundheitsförderlich ist. Entgegen sind laissez-fairer Führungsstil, einseitige Aufgabenorientierung und

---

[406] von der Oelsnitz, Dietrich und Jürgen Weibler (Hrsg.): Führung, Macht und Vertrauen in Organisationen. Stuttgart (Kohlhammer) 2006, S. 131.

[407] Rimbach, Astrid: Entwicklung und Realisierung eines integrierten betrieblichen Gesundheitsmanagements in Krankenhäusern. Betriebliches Gesundheitsmanagement als Herausforderung für die Organisationsentwicklung. München (Hampp) 2013, S. 63 sowie Blessin, Bernd und Alexander Wick: Führen und führen lassen. Konstanz (UVK Lucius) 2014, S. 325.

[408] Rimbach, Astrid: Entwicklung und Realisierung eines integrierten betrieblichen Gesundheitsmanagements in Krankenhäusern. Betriebliches Gesundheitsmanagement als Herausforderung für die Organisationsentwicklung. München (Hampp) 2013, S. 63f.

[409] Blessin, Bernd und Alexander Wick: Führen und führen lassen. Konstanz (UVK Lucius) 2014, S. 326ff.

[410] von Rosenstiel, Lutz, Erika Regnet und Michel E. Domsch (Hrsg.): Führung von Mitarbeitern. Handbuch für erfolgreiches Personalmanagement. Stuttgart (Schäffer-Poeschel) 2014, S. 619.

[411] ebenda, S. 330 und S. 618f.

transaktionale Führung eher gesundheitsschädlich.[412] Differenziertes Führungsverhalten, angepasst an generationale Prägungen, divergierende Präferenzen der Führung, das Eingehen auf Bedürfnisse der Geführten, unter Berücksichtigung von Alter und Leistungsfähigkeit wirkt sich positiv auf die Gesundheit aus.[413]

Das Wohlbefinden der Mitarbeiter lässt sich durch gegenseitiges Vertrauen, Anerkennung und Transparenz durch die Führungskraft steigern. Konflikte zwischen Vorgesetztem und Geführtem stellen ein Hauptproblem bezogen auf Mitarbeitergesundheit dar.[414] Mitarbeitergespräche in wertschätzender Dialogform wird eine positive Wirkung bezüglich Personalgesundheit zugesprochen.[415] Badura (2007) erkannte, dass das Ausmaß an Mitarbeiterorientierung, Ausmaß an Kontrolle, Vorgesetztenakzeptanz, Fairness, Gerechtigkeit, Vertrauen, Kommunikation und Machtorientierung der Führungskraft die Mitarbeitergesundheit beeinflussen.[416] Personalführung wirkt mittelbar auf Arbeitsbedingungen sowie -zufriedenheit und somit auf die Gesundheit.[417] Die Arbeit von Vance und Larson (2002) in der 6628 Artikel untersucht wurden ergab, dass der empirische Nachweis des Zusammenhangs zwischen Führung und Gesundheit problematisch ist. Auch eine direkte Beziehung bezogen auf Führungsstile und Gesundheit konnten bisher nicht nachgewiesen werden.[418] Kritisch betrachtet wird das Konzept Management by Objectives (Kapitel 6.2) bezüglich der Auswirkungen auf das Personal. Da eine latente Gefahr besteht, dass Mitarbeiter sich selbst zur Zielerreichung verausgaben, das erzeugt Stress was wiederum gesundheitliche Schäden zur Folge haben kann.[419] Als gesundheitsförderliche Prinzipien für eine

[412] Rowold, Jens: Human Resource Management. Lehrbuch für Bachelor und Master. Berlin (Springer Gabler) 2015, S. 117f. sowie Blessin, Bernd und Alexander Wick: Führen und führen lassen. Konstanz (UVK Lucius) 2014, S. 336f und von Rosenstiel, Lutz, Erika Regnet und Michel E. Domsch (Hrsg.): Führung von Mitarbeitern. Handbuch für erfolgreiches Personalmanagement. Stuttgart (Schäffer-Poeschel) 2014, S. 619f.
[413] Rimbach, Astrid: Entwicklung und Realisierung eines integrierten betrieblichen Gesundheitsmanagements in Krankenhäusern. Betriebliches Gesundheitsmanagement als Herausforderung für die Organisationsentwicklung. München (Hampp) 2013, S. 64.
[414] Blessin, Bernd und Alexander Wick: Führen und führen lassen. Konstanz (UVK Lucius) 2014, S. 339.
[415] Rimbach, Astrid: Entwicklung und Realisierung eines integrierten betrieblichen Gesundheitsmanagements in Krankenhäusern. Betriebliches Gesundheitsmanagement als Herausforderung für die Organisationsentwicklung. München (Hampp) 2013, S. 333f.
[416] von Rosenstiel, Lutz, Erika Regnet und Michel E. Domsch (Hrsg.): Führung von Mitarbeitern. Handbuch für erfolgreiches Personalmanagement. Stuttgart (Schäffer-Poeschel) 2014, S. 618ff.
[417] Schmidt, Burkhard: Transformationale und transaktionale Führung als erfolgreicher Führungsstil für Leistung und Gesundheit? Eine kritische Überprüfung des „Full Range of Leadership"-Konzeptes für das betriebliche Gesundheitsmanagement. Dortmund, Technische Universität, Fakultät Theologie und Humanwissenschaften, Dissertation, 2011, S.144. pdf-Datei: https://eldorado.tu-dortmund.de/bitstream/2003/29392/1/Dissertation.pdf. Zugriff am: 13.6.2017.
[418] ebenda, S. 150f.
[419] Blessin, Bernd und Alexander Wick: Führen und führen lassen. Konstanz (UVK Lucius) 2014, S. 339 sowie Schmidt, Burkhard: Transformationale und transaktionale Führung als erfolgreicher Führungsstil für Leistung und Gesundheit? Eine kritische Überprüfung des „Full Range of Leadership"-Konzeptes für das betriebliche Gesundheitsmanagement. Dortmund, Technische Universität, Fakultät Theologie und Humanwissenschaften,

Führungskraft gelten nach Sträter/ Siebert-Adzic und Schäfer (2012): Vertrauen sowie Toleranz, Förderung und Entwicklung, Inspiration sowie Motivation statt Druck und Macht gegenüber dem Geführten.[420]

Insgesamt betrachtet, können mit dem Job Characteristics Modell (Kapitel 2.4.1) und dem Job Demands-Resources Modell (Kapitel 2.4.2) die Wirkung der Personalführung auf die Mitarbeitergesundheit theoretisch erklärt werden. Wenn auch nur ein mittelbarer Zusammenhang über Arbeitszufriedenheit und Motivation zur Gesundheit besteht.[421] Die Führungskraft hat einen Einfluss auf die Merkmale der Arbeit und den Erlebniszustand des Personals. Weiterhin ist der Vorgesetzte auch für Anforderungen und Ressourcen am Arbeitsplatz verantwortlich.

Dissertation, 2011, S.149. pdf-Datei: https://eldorado.tu-dortmund.de/bitstream/2003/29392/1/Dissertation.pdf. Zugriff am: 13.6.2017.

[420] Blessin, Bernd und Alexander Wick: Führen und führen lassen. Konstanz (UVK Lucius) 2014, S. 340.

[421] Schmidt, Burkhard: Transformationale und transaktionale Führung als erfolgreicher Führungsstil für Leistung und Gesundheit? Eine kritische Überprüfung des „Full Range of Leadership"-Konzeptes für das betriebliche Gesundheitsmanagement. Dortmund, Technische Universität, Fakultät Theologie und Humanwissenschaften, Dissertation, 2011, S.130. pdf-Datei: https://eldorado.tu-dortmund.de/bitstream/2003/29392/1/Dissertation.pdf. Zugriff am: 13.6.2017.

8 Zusammenfassung

Der Harvard-Ansatz verweist auf Handlungsfelder welche das Outcome des Unternehmens beeinflusst. Der Vorgesetzte ist in der Lage, besonders die Handlungsfelder Work Systems und Employee Influence zu gestalten, da er unmittelbar auf operativer Managementebene agiert. Die Ausgestaltung der Handlungsfelder ergibt einen Einfluss auf Commitment, Competence, Congruence und Cost effectivness. Die Human-Investment-Philosophy verweist auf zu erfüllende Kernaufgaben einer Führungskraft. Wird diesem Ansatz gefolgt, kann positiv auf die Entwicklung der Mitarbeiter eingewirkt werden. Ein positives Menschenbild und Vertrauen seitens der Führungskraft, sowie Übertragung ganzheitlicher Aufgabenbereiche und Verantwortung an Mitarbeiter gehören zu wichtigen Kernaufgaben bei der Personalführung. Zusätzlich betont Snow ein Minimum an Administrationsprozessen in Unternehmen zu realisieren. Der People-Centered Managementansatz nach Pfeffer verweist auf den Abbau von Hierarchie/ Statussymbolen und die Wichtigkeit der Information des Personals über Unternehmensprozesse.

Wird der Führungsdefinition nach Bass gefolgt, lassen sich mitarbeiterbeeinflussende Merkmale erkennen. Als Eigenschaften der Führung sind unter anderem beschrieben, dass sie von der Persönlichkeit des Führenden abhängt, mit Einfluss- und Machtausübung einhergeht, ein Instrument zur Zielerreichung darstellt und Handlung sowie Verhalten beinhaltet.

Das Rahmenmodell der Führung veranschaulicht schematisch den Wirkmechanismus, demnach wirkt die Führungskraft mit einem bestimmtem Verhalten in einer Situation auf Mitarbeiter ein, was wiederum Auswirkung auf den Führungserfolg hat. Unstrittig ist, dass Erfolg gegeben ist, wenn Unternehmens- und Mitarbeiterziele verfolgt und erfüllt werden. Personalführung realisiert sich in Arbeitsbeziehungen, Arbeit ist als zielgerichtete Tätigkeit zur Erfüllung der psychischen und sozialen Bedürfnisse eines Menschen zu verstehen. Die vorangestellten Sachverhalte verdeutlichen die Wichtigkeit einer Zielstellung, da Unternehmen, Führungskraft und Mitarbeiter Ziele verfolgen. Fehlt das Ziel bei der Arbeit, sind Arbeitsergebnisse nicht sichtbar und die Bedeutung wird nicht abgebildet, somit fehlt die Identifikation mit der Aufgabe. Das Job Characteristics Modell und Job Demands-Resources Modell zeigen, dass sowohl Merkmale der Arbeit als auch empfundenes Erleben eine Auswirkung auf Motivation, Zufriedenheit, Qualität der Arbeitsleistung und Fluktuation haben. Auf beide Bereiche wirkt eine Führungskraft mit ihren Handlungen und Verhalten ein. Ausgehend vom Rahmenmodell, müssen aber auch das Personal und die Führungssituation als Einflussfaktor betrachtet werden.

Von extern wirken der demographische Wandel, Fachkräftemangel, Diversität von Arbeitsgruppen, wirtschaftliche und gesetzliche Rahmenbedingungen sowie der gesellschaftliche Wertewandel als situative Faktoren auf das Unternehmen und auch auf Führungssituationen ein. Ältere Arbeitnehmer werden als humane Ressource eine wichtige Bedeutung in Unternehmen einnehmen, Frauen werden zunehmend in Führungspositionen eingesetzt und klassische Geschlechterrollen sind weitgehend aufgelöst. Bezüglich des Fachkräftemangels müssen zwei Aspekte betrachtet werden. Einerseits nimmt die Teilzeitbeschäftigung stark zu und Personalstellen im Pflegedienst werden aus ökonomischen Gründen nicht besetzt, so wird ein künstlicher Personalmangel produziert. Anderseits gehen Prognosen davon aus, dass im Jahr 2030 zwischen 200.000 bis 350.000 Vollzeitstellen nicht mit Pflegefachkräften besetzt werden können. Arbeitsgruppen bzw. Teams sind von einer zunehmenden Heterogenität gekennzeichnet. Wirtschaftliche und rechtliche Rahmenbedingungen sind durch zunehmende Komplexität und Konkurrenzdruck der Krankenhäuser gekennzeichnet.

Stetige Veränderungen auf Makroebene bzw. Unternehmensumwelt wirken auf das Unternehmen, Führungskräfte und Mitarbeiter ein. Weiterhin gilt, bei der Personalführung den gesellschaftlichen Wertewandel und Interessen unterschiedlicher Generationen zu berücksichtigen. Das ist wichtig, da verschiedene Altersgruppen unterschiedliche Zielstellungen verfolgen. Voraussetzung ist, dass eine Führungsperson Interesse und Kenntnis von Werten und Zielen ihrer Mitarbeiter hat. Um Konflikte zu vermeiden wird eine individuelle Personalführung an Bedeutung gewinnen.

Personalführungstheorien versuchen die Wirkungsweise der Personalführung auf Mitarbeiter auf unterschiedliche Art zu erklaren. McCrea und Costa gingen von Extraversion, Verträglichkeit, Gewissenhaftigkeit, Emotionsstabilität und Offenheit als Persönlichkeitseigenschaften einer erfolgreichen Führungskraft aus. Bei den verhaltensorientierten Ansätzen lassen sich Erkenntnisse an Hand der Führungsstilmodelle von Lewin, Weber und Tannenbaum/ Schmidt ableiten. Alle Modelle lassen Grad der Mitarbeiterpartizipation, das zu Grunde gelegte Menschenbild der Führungskraft und Intensität der Machtausübung durch die Führungskraft erkennen. Im wesentlichen können zwei Extremformen identifiziert werden. Zum einem autokratischer und patriarchalischer Führungsstil, zum anderem delegativer und laissez-fairer Führungsstil. Der autoritäre Führungsstil wird als egozentrisch, konfliktbegünstigend, macht- und statusorientiert beschrieben. Statusorientiertheit steht nach dem People-Centered Ansatz konträr dem Unternehmenserfolg entgegen. Auch nach McCrea und Costa ist egozentrisches Verhalten keine Eigenschaft erfolgreicher Führungskräfte. Delegativer und laissez-fairer Führungsstil sind mit Risiken bezüglich des Führungserfolges behaftet. So setzen beide Stile hohe Leistungsfähigkeit und Selbstverantwortung der Mitarbeiter voraus. Weiter muss dem Personal ein festgelegter Handlungs-/ Entscheidungsspielraum durch den Vorgesetzten suggeriert werden. Darauf zu achten ist, dass Mitarbeiter ausreichend qualifiziert sind. Wird delegativ und laissez-faire geführt, um keine Entscheidungen zu treffen, sind beide Stile destruktiv und nicht erfolgreich. Aus dem Managerial grid geht hervor, dass Führungsstile mit hoher Sach- und Mitarbeiterorientierung erfolgreich sind.

Beim transformationalem Führungsmodell wurde bewiesen, dass erhöhte Mitarbeitermotivation und Erfolg der Erwartungen übertrifft generiert wird. Auch transaktionale Führungskräfte können erfolgreich sein. Deutlich wurde, dass beim transformationalem Stil die Charaktereigenschaften der Führungskraft, Vertrauens-verhältnis, Interesse, Kreativität und individuelles Eingehen auf die Mitarbeiter einen hohen Stellenwert einnehmen. Der Kontingenzansatz unterscheidet die Dimensionen Mitarbeiterorientierung (Beziehungsorientierung) und Sachorientierung (Aufgaben-orientierung). Dieser Ansatz schließt situative Variablen wie beispielsweise Personal und Organisationsklima mit ein und geht von vier potentiell erfolgreichen Führungsstilen aus. Deutlich geworden ist am Kontingenzmodell, dass das Führungsverhalten über den Erfolg des angewendeten Führungsstils entscheidet. Vor allem Konfliktvermeidungsverhalten, mangelnde Flexibilität, mangelndes Vertrauen, Druckausübung und entscheidungsscheues Verhalten wirken sich negativ auf Effektivität des Führungsstils aus. Rollentheoretische Ansätze zeigten, dass das Rollengefüge in Gruppen die Machtstruktur prägen und eine Führungskraft mehrere Rollen gleichzeitig besitzt. Im Rollenverhalten stehen Mitarbeitererwartungen, eigene Rollenwahrnehmung und Realisierung der Rolle in Interaktion und prägen die Teamstruktur. Der Vorgesetzte muss sich der eigenen Rolle bewusst sein.

Macht und Vertrauen sind zur Erfüllung von Zielstellungen unerlässlich und prägen zwischenmenschliche Beziehungen. Machtausübung ist von Persönlichkeitsmerkmalen

94

der Führungskraft abhängig und wird durch das Unternehmen sowie Kommunikation beeinflusst. Macht des Führenden resultiert einerseits aus der Positionsmacht und einer informellen Macht die unter anderem aus Persönlichkeitseigenschaften, Wissen und Erfahrung entsteht. Führungsstile, die stark auf Macht als Mittel der Zielerreichung ausgelegt sind, können Ängste und Unzufriedenheit bei Mitarbeitern produzieren. Wird Macht nicht negativ genutzt, müssen auch keine nachteiligen Folgen für Mitarbeiter entstehen. In welchem Ausmaß Macht zum Einsatz kommt, steht in enger Korrelation mit Persönlichkeitseigenschaften und geprägtem Menschenbild der Führungskraft. Vertrauen in der Beziehungen zwischen Führungsperson und Mitarbeiter hat positive Effekte auf Motivation sowie Arbeitszufriedenheit und ist demnach anzustreben.

Ähnlich der Machtentwicklung, stehen bei der Vertrauensbildung zwischen Mitarbeiter und Führungskraft die Charaktereigenschaften im Vordergrund. Positive Eigenschaften wie Fairness, Offenheit, offene Kommunikation und Integrität fördern Vertrauensbeziehungen. Die Organisation beeinflusst, durch ihr gezeigtes Verhalten in bestimmten Situationen, das Vertrauen der Mitarbeiter.

Aus Aufgaben und Zielen der Personalführung wird deutlich, dass die Führungskraft auf Arbeitsrahmen und Arbeitsgestaltung Einfluss nimmt und somit auch auf Arbeitszufriedenheit und Motivation der Mitarbeiter. Zur gemeinsamen Zielerreichung ist neben Sachorientierung, die Beziehungsorientierung bei der Personalführung notwendig. Wird davon ausgegangen, dass Führungsdilemma existieren, wird die Bedeutung des rollentheoretischen Ansatzes deutlich. Eine Führungskraft muss erwartete Rollen und Intentionen unterschiedlichster Anspruchsgruppen (z. B. Mitarbeiter, nächsthöherer Vorgesetzter, Geschäftsführer etc.) erfüllen. Daraus entsteht für den Vorgesetzen oft ein Dilemma, welches eine Entscheidung abverlangt. Gelingt der Führungskraft dabei nicht, durch Entscheidungen die Anspruchsgruppen-erwartungen zu erfüllen, entsteht ein Konfliktpotential, was wiederum Auswirkungen auf Arbeitsverhalten und Motivation besitzt.

Als Führungskraft ist wichtig, menschliches Verhalten erklären und nachvollziehen zu können um adäquat sowie verständnisvoll zu agieren. Hierzu stehen verschiedene Modelle zur Verfügung. Menschenbilder sind in jedem Menschen verankert und werden durch unterschiedliche Einflüsse geprägt. Aus dem verankerten Menschenbild der Führungskraft, werden angewandte Führungsstile und Verhaltensweisen erklärbar. Ein Vorgesetzter mit rational-ökonomischem Menschenbild wird einen auf Macht basierenden Führungsstil bzw. -verhalten bevorzugen und Mitarbeiter wenig partizipieren. Während eine Führungskraft mit sozialem, selbstverwirklichendem oder komplexem Menschenbild eher über ihre Mitarbeiter einen auf Motivation und Zufriedenheit förderlichen Führungsstil und -verhalten verfolgen wird. Ausgehend von der X-Y Theorie, soll die Führungskraft der Theorie Y folgen. Ein Vorgesetzter, der die Theorie X favorisiert, wird einen auf Kontrolle und Macht fixierten Führungsstil und -verhalten zeigen und somit Mitarbeiter demotivieren.

Mitarbeiterverhalten kann mit dem S-O-R Modell zumindest nachvollzogen werden, da Personalverhalten eine Reaktion auf den von der Führungskraft gesetzten Stimulus (z. B. Führungsstil, Verhalten) sein kann. Wenngleich dieses Modell nicht explizit und vollkommen das menschliche Verhalten erklärt.

Da Führungsdilemmata existieren und „win-win-win-Situationen" nicht real sind, ist die Beachtung der ethischen Dimension bei der Personalführung unerlässlich, zudem in zahlreichen Studien nachgewiesen wurde, dass unethisches Führungshandeln kein Einzelfall im Führungshandeln darstellt. Ohne ethisches Handeln ist langfristiger Führungserfolg nicht zu gewährleisten. Unethisches Führungsverhalten wird von vielen Faktoren beeinflusst. Im Augenmerk für die Entstehung eines unethischen Führungshandelns stehen die Führungskraft, Mitarbeiter, Führungssituation, Mittel und Ziele. Einerseits sind auf Seite der Führungsperson Persönlichkeitseigenschaften wie Narzissmus, Psychopathie und Machiavellismus die Determinanten für unethisches Handeln. Anderseits beeinflussen Macht, Hierarchie, Stress, Druck sowie passive, gehorsame und kritiklose Mitarbeiter ein derartiges Führungshandeln. Führende besitzen auf zahlreiche Faktoren wie beispielsweise Machtausübung, Stress und Druck im Arbeitsumfeld sowie Gestaltung der Zielvereinbarungen auf operativer Ebene einen Einfluss.

Mitarbeiterverhalten kann mittels motivationstheoretischer Ansätze nachvollzogen werden. Aus inhaltstheoretischen Modellen geht hervor, dass Menschen Bedürfnisse haben, welche bei der Arbeit erfüllt werden müssen, um Arbeitszufriedenheit und Motivation zu erleben. Bedürfnisse sind individuell verschieden ausgeprägt, jedoch lassen sich in allen Modellen die Bedürfnisse nach Sicherheit, Anerkennung, Zugehörigkeit, Angstfreiheit und Status erkennen. Die Führungskraft hat einen Einfluss darauf. Da Motive individuell verschieden sind, müssen diese bei der Personalführung auch mitarbeiterbezogen Berücksichtigung finden, um Arbeitszufriedenheit und

96

Motivation zu erzeugen. Aus prozesstheoretischen Modellen ist erkennbar, dass Mitarbeiter Ziele verfolgen, welche erfüllt werden müssen um Motivation und Arbeitsleistung hervorzurufen. Dabei sind Empfinden, Erwartungen und Belohnung der Angestellten von oberster Bedeutung. Das Intentionen eines Menschen handlungs- und verhaltensleitend sind, wird durch die Zielsetzungstheorie verdeutlicht. Demnach fördern herausfordernde und erreichbare Ziele das Leistungsverhalten der Mitarbeiter.

Zur Zielerreichung stehen verschiedene Managementkonzepte zur Verfügung. In dieser Arbeit wurden MbO und MbE betrachtet. Führen durch Zielvereinbarungen ist eine mögliche Führungstechnik. Diese erscheint sinnvoll, da Mitarbeiter Ziele verfolgen. Der Sachverhalt, dass Zielvereinbarung potentiell zur situativen Variable des unethischen Führungshandelns gehört, muss berücksichtigt werden. Beim MbO führt ein hohes Vertrauen zwischen Führungskraft und Mitarbeiter zur höheren Effektivität. So sind vertrauensfördernde Maßnahmen im Führungshandeln anzustreben. Management by Exceptions als Führungstechnik birgt Gefahren wie Demotivation der Mitarbeiter oder Verursachung von Folgekosten für das Unternehmen. Management by Exceptions ist ein elementarer Bestandteil der transaktionalen Führung. Die Augmentationsthese stützt die Argumentation, dass dieser Führungsstil bezogen auf Leistungsverhalten und Motivation der Mitarbeiter, dem transformationalem Führungsstil unterlegen ist.

Die Wirkungen der Personalführung auf das Pflegepersonal wurde bezüglich der vier zentralen Aspekte Arbeitszufriedenheit und Leistungsverhalten, Motivation, Mitarbeiterbindung und Fluktuation sowie Mitarbeitergesundheit betrachtet. Arbeitszufriedenheit und Leistungsverhalten sind stark von der Qualität der zwischenmenschlichen Beziehung zwischen Führungskraft und Mitarbeiter abhängig. Individuelle Zielvereinbarungen und persönlich bezogene Belohnungsmechanismen sowie Wahrnehmung der Mitarbeiterleistungen durch den Vorgesetzten sind weitere Determinanten für Arbeitszufriedenheit. Wertvorstellungen und Bedürfnisse müssen dabei durch den berücksichtigt werden. Zufriedenheit der Mitarbeiter ist die Voraussetzung für hohes Leistungsverhalten. Aufgabenorientiertes Führungsverhalten kann zu hohen Leistungen des Teams führen, jedoch mit der Gefahr des Fehlzeiten- und Fluktuationsanstiegs. Mitarbeiterorientierung durch die Führungskraft korreliert stark mit Zufriedenheit des Personals. Vielfältigkeit, Bedeutsamkeit und Identität mit der Aufgabe, Handlungsautonomie, Feedback sowie erlebter Sinn und Verantwortung bei der Arbeit beeinflussen die Zufriedenheit und Leistung des zu Führenden. Destruktives

Führungsverhalten wirkt sich negativ auf Zufriedenheit der Mitarbeiter und Erreichung der Unternehmensziele aus.

Das Vorhandensein von viel Macht und Persönlichkeitseigenschaften einer erfolglosen Führungskraft kann zu Unzufriedenheit führen.

Autoritäre und autokratische, machtorientierte Führungsstile sind bezüglich Mitarbeiterzufriedenheit als ungeeignet einzuschätzen. Auswirkungen der Personalführung auf die Motivierung der Mitarbeiter wird von verschiedenen Faktoren beeinflusst. Bezogen auf die Führungskraft, führt ein Mangel an Wertschätzung und Anerkennung zur Verringerung der Mitarbeitermotivation. Die Erfüllung der Bedürfnisse des Personals (z. B. Sicherheit, Zugehörigkeit, Wertschätzung und Selbstverwirklichung) können durch den Vorgesetzten beeinflusst werden. Persönlichkeitsmerkmale der Führungskraft und Merkmale der Tätigkeit eines Mitarbeiters wirken sich auf die Motivation aus. Autoritärer, autokratischer und patriarchalischer Führungsstil sind am ehesten demotivierend. Kooperativer/ demokratischer, konsultativer, partizipativer, delegativer sowie transformationaler Stil können am ehesten motivierend wirken. Eine starke Vertrauensbeziehung zwischen Führungskraft und Personal fördert die Arbeitsmotivation. Ein starker Machtstatus der Führungskraft und der Einsatz von Bestrafungsmacht wirkt negativ auf die Vertrauensentwicklung und somit negativ auf die Motivation.

Bei der Wirkung der Personalführung auf Mitarbeiterbindung und Fluktuation sind die Persönlichkeitseigenschaften der Führungskraft als beeinflussender Faktor hervorzuheben. Führungskompetenzen wie Selbstreflexion und -management sowie Sozialkompetenz sind Grundvoraussetzung für Mitarbeiterbindung. Hohe Mitarbeiterzufriedenheit bindet Mitarbeiter und verhindert Fluktuation. Vertrauen, respektvolle Kommunikation, Partizipation, Motivation, Berücksichtigung der Bedürfnisse, klare Zielstellungen und kollegiale Arbeitsatmosphäre wirken förderlich auf die Mitarbeiterbindung. Bezogen auf die Mitarbeiterretention wirkt Unternehmenskultur als markanter Faktor ein.

Ein direkter empirischer Zusammenhangsnachweis zwischen Führung und Mitarbeitergesundheit ist schwierig. Mittelbar besteht ein Zusammenhang über Arbeitszufriedenheit und Motivation. Mangelnde Wertschätzung und Lob sowie fehlende Achtung durch den Vorgesetzten können zu Beeinträchtigung der psychischen

Gesundheit des Personals führen. Was wiederum zur Arbeitsunzufriedenheit, mangelnder Einsatzbereitschaft, Fehlzeiten und Fluktuation führen kann.

Führungsaufgabe ist die Reduktion von Stressoren und Eröffnung von Handlungsspielräumen für die Mitarbeiter. Gesundheitsförderlich sind transformationales und mitarbeiterorientiertes Führen. Entgegengesetzt dazu, sind ein laissez-fairer und transaktionaler Führungsstil eher gesundheitsschädlich für das Personal. Positives Verhalten der Führungskraft reduziert gesundheitliche Beschwerden der Mitarbeiter. Individuelles auf den einzelnen Menschen abgestimmtes Führungsverhalten und gegenseitiges Vertrauen wirken sich positiv auf Mitarbeitergesundheit aus. Machtorientierung der Führungskraft steht im negativen Zusammenhang mit der Mitarbeitergesundheit. Management by Objectives wird bezüglich der gesundheitlichen Auswirkungen kritisch betrachtet.

9 Fazit und Ausblick

Vor dem Hintergrund der leitenden Fragestellungen dieses Buches, werden die Fragestellungen geprüft. Festgestellt wurde, dass Personalführung bzw. die Führungskraft mit ihrem Verhalten Auswirkungen auf das Mitarbeiterverhalten besitzt, diese können sowohl positiver als auch negativer Art sein. Angedeutet hat sich, dass zahlreiche wechselseitig agierende Faktoren bestehen die eher mittelbar Auswirkungen auf das Mitarbeiterverhalten besitzen. Die Verhaltensweisen der Mitarbeiter, können an Hand der bearbeiteten theoretischen Modelle ansatzweise erklärt und nachvollzogen werden. Weitgehend fehlt aber die hinreichende empirische Prüfung der theoretischen Modelle. Studien die einzelne Auswirkungen separat, insbesondere von Personalführung im Krankenhaus, untersucht wurden kaum gefunden. Allgemeingültige Führungsstile bzw. universell einsetzbare Führungsinstrumente existieren nicht, vielmehr besitzen die untersuchten Führungsstile und -instrumente sowohl Vor- als auch Nachteile. Angedeutet hat sich jedoch, dass sehr macht- und aufgabenbezogene Führungsstile besonders nachteilige Auswirkungen für Mitarbeiter haben. Herausgefunden werden konnte, dass Macht und Vertrauen einen Einfluss auf Mitarbeiter und Führungskraft besitzen. Deutlich gemacht werden konnte, dass das Führungsverhalten und die Charaktereigenschaften bei zahlreichen Aspekten eine Auswirkung auf die Mitarbeiter besitzen. Weiter konnte dargelegt werden, dass Unternehmen, Führungskraft, Mitarbeiter und Unternehmensumwelt interagieren.

Keinesfalls hat nur die Personalführung Auswirkung auf die Mitarbeiter, vielmehr könnte ein Zusammenhang von Prägung der Führungskräfte durch die Unternehmenskultur bestehen. Somit könnte Führungsverhalten ein Ausdruck der im Unternehmen bestehenden Werte und Normen sein. Die Wichtigkeit der Bedürfnisberücksichtigung der Mitarbeiter durch die Führungskraft konnte heraus-gearbeitet werden. Erkennbar wurde, dass Arbeitszufriedenheit, Leistungsverhalten, Motivation, Bindung/ Fluktuation und Gesundheit der Mitarbeiter in Verbindung mit der Führungskraft stehen. Obwohl Hierarchie und Unternehmenskultur des Unternehmens nicht explizit bearbeitet wurden, ergaben sich Hinweise darauf, dass dadurch sowohl Führungsverhalten als auch Mitarbeiter stark beeinflusst werden. Die Bedeutung und Auswirkungen der Personalführung konnte gezeigt werden. Der Fokus zukünftiger Führungskräfte muss Unternehmens- und Mitarbeiterorientierung gleichermaßen sein. Fraglich bleibt, ob die Struktur eines Krankenhauses und

100

gesetzliche Rahmenbedingungen die Voraussetzung für ein mitarbeiterorientiertes, individuelles und ethisches Führungsverhalten bzw. -handeln bieten können. Ungeklärt bleibt, in welchem Maß sich Mitarbeiterorientierung und Unternehmensziele im wirtschaftlichen Umfeld konträr gegenüberstehen.

Bezogen auf Personalführung im Krankenhaus besteht ein Forschungsbedarf. Eine weitere Erkenntnis ist, dass der unmittelbare Vorgesetzte einen beachtlichen Einfluss auf das Personal und demzufolge auch auf den wirtschaftlichen Erfolg eines Unternehmens besitzt. Insofern ist es von hoher Priorität, die Führungspositionen mit geeigneten Personen zu besetzten. Aber auch die Führungspersonen müssen prüfen, ob die Visionen des Unternehmens mit den eigenen Visionen vereinbar sind. Weiter gilt zu untersuchen, in wie fern die Führungskräfte eines Unternehmens die Unternehmenskultur widerspiegeln. Denkbar ist, dass die Unternehmenskultur die Führungskräfte prägt und somit die Mitarbeiter Ausdruck der Kultur des Unternehmens darstellen. In Zukunft bleibt zu hoffen, dass unter Beachtung aller Wirtschaftlichkeits- und Effektivitätskriterien die Ressource Mensch im Unternehmen nicht an Stellenwert verliert. Ein Krankenhaus ohne zufriedene und motivierte Mitarbeiter kann nachhaltig nicht existieren. Offen bleibt die Frage, in wie fern Mitarbeiterorientierung einer Führungsperson in einem Unternehmen erwünscht ist, oder ob bestimmte Führungspräferenzen seitens des oberen Managements bereits direkt oder indirekt vorbestimmt sind.

10 Literaturverzeichnis

Badura, Bernhard, Helmut Schröder, Jochim Klose und Katrin Macco (Hrsg.): Fehlzeiten-Report 2009. Zahlen, Daten, Analysen aus allen Branchen der Wirtschaft. Arbeit und Psyche: Belastungen reduzieren - Wohlbefinden fördern. Berlin (Springer) 2010.

Baum, Georg: Vor neuen Personalanhaltszahlen. Das Krankenhaus (2): 85, 2017.

Baumgartner, Rupert J.: Nachhaltigkeitsorientierte Unternehmensführung. Modell, Strategien und Managementinstrumente. München (Hampp) 2010.

BDO AG (Hrsg.): Investitionsfähigkeit der deutschen Krankenhäuser. Köln (Eigenverlag) 2015. pdf-Datei: http://www.dki.de/sites/default/files/publikationen/ investitionsfaehigkeit_der_deutschen_krankenhaeuser.pdf. Zugriff am: 26.4.2017.

Beck, Christian und Doris Klafl: Menschen und Arbeitsaspekte in der Organisation Krankenhaus. Fokus Arbeitsmotivation, Coaching, Führung. Hamburg (Diplomica) 2013.

Belsch, Sergej: Mitarbeiterbindung. So sichern Sie Ihre wertvollste Ressource. Hamburg (igel Verlag RWS) 2016.

Berthel, Jürgen und Fred G. Becker: Personal-Management. Grundzüge für Konzeptionen betrieblicher Personalarbeit. Stuttgart (Schäffer-Poeschel) 2013.

Blessin, Bernd und Alexander Wick: Führen und führen lassen. Konstanz (UVK Lucius) 2014.

Blum, Karl, Sabine Löffert und Matthias Offermanns et al. (Hrsg.): Krankenhaus Barometer. Umfrage 2013. Düsseldorf (Eigenverlag) 2013. pdf-Datei: http://www.dkgev.de/media/file/16291.Umfrage_2013.pdf. Zugriff am: 11.4.2017.

Boeckh, Jürgen, Ernst-Ulrich Huster und Benjamin Benz: Sozialpolitik in Deutschland. Eine systematische Einführung. Wiesbaden (VS Verlag) 2011.

Bollessen, Doris: Der fortschreitende Fachkräftemangel infolge des demographischen Wandels. Denkbare Konzepte und Erfolgsstrategien zur langfristigen Mitarbeiterbindung. Hamburg (Diplomica) 2016.

Bonin, Holger, Grit Braeseke und Angelika Ganserer: Internationale Fachkräfterekrutierung in der deutschen Pflegebranche. Gütersloh (Eigenverlag) 2015. pdf-Datei: https://www.bertelsmann-stiftung.de/de/publikationen/publikation/did/internationale-fachkraefterekrutierung-in-der-deutschen-pflegebranche-1/. Zugriff am: 7.5.2017.

Bundeszentrale für politische Bildung (Hrsg.): Datenreport 2016. Ein Sozialbericht für die Bundesrepublik Deutschland. Bonn (Eigenverlag) 2016. pdf-Datei von DESTATIS: https://www.destatis.de/DE/Publikationen/Datenreport/Downloads/Datenreport2016.pdf?__blob=publicationFile. Zugriff am: 26.3.2017.

Busse, Reinhard, Jonas Schreyögg und Tom Stargardt (Hrsg.): Management im Gesundheitswesen. Das Lehrbuch für Studium und Praxis. Berlin (Springer) 2013.

Dennis A. Ostwald, Tobias Ehrhard, Friedrich Bruntsch et al.: Gesundheitswesen. Fachkräftemangel. Stationärer und ambulanter Bereich bis zum Jahr 2030. Frankfurt (Eigenverlag) 2010. pdf-Datei der PricewaterhouseCoopers AG: http://www.pwc.de/de/gesundheitswesen-und-pharma/assets/fachkraeftemangel.pdf. Zugriff am: 26.3.2017.

DESTATIS (Statistisches Bundesamt): https://www-genesis.destatis.de/genesis/online;jsessionid=8D84026FCF74357635C924BFBC2E7F26.tomcat_GO_2_1?operation=previous&levelindex=3&levelid=1498564723708&step=3. Zugriff am: 27.6.2017.

Deutsche Krankenhaus Gesellschaft (Hrsg.): Eckdaten der Krankenhausstatistik. pdf-Datei: http://www.dkgev.de/media/file/27611.Eckdaten_Krankenhausstatistik_ Stand_2016-06-10_.pdf. Zugriff am: 26.4.2017.

Deutsche Krankenhaus Gesellschaft (Hrsg.): Zahlen Daten Fakten 2013. Düsseldorf (Eigenverlag) 2013.

Dietzfelbinger, Daniel: Praxisleitfaden Unternehmensethik. Kennzahlen, Instrumente, Handlungsempfehlungen. Wiesbaden (Springer Gabler) 2015.

Dilcher, Bettina und Lutz Hammerschlag (Hrsg.): Klinikalltag und Arbeitszufriedenheit. Die Verbindung von Prozessoptimierung und strategischem Personalmanagement im Krankenhaus. Wiesbaden (Springer Gabler) 2013.

Eberhardt, Daniela und Anna-Lena Majkovic: Die Zukunft der Führung. Eine explorative Studie zu den Führungsherausforderungen von morgen. Wiesbaden (Springer) 2015.

Elsner, Katrin: Kleine Ursache - große Wirkung. Wertschätzung von hochqualifizierten Mitarbeitern. Eine konzeptionelle Einordnung und empirische Untersuchung zur Bedeutung der Anerkennung für gute Mitarbeiterführung. München (Hampp) 2013.

eurostat (Hrsg.): Europäisches System Volkswirtschaftlicher Gesamtrechnung - ESVG - 2010. Luxemburg (Eigenverlag) 2014.

Farzin, Sina und Stefan Jordan (Hrsg.): Lexikon Soziologie und Sozialtheorie. Hundert Grundbegriffe. Stuttgart (Reclam) 2008.

Felger, Susanne und Angela Paul-Kohlhoff: Human Resource Management. Konzepte, Praxis und Folgen für die Mitbestimmung. Düsseldorf (Hans-Böckler-Stiftung)2004.

Franken, Swetlana: Führen in der Arbeitswelt der Zukunft. Instrumente, Techniken und Best-Practice-Beispiele. Wiesbaden (Springer Gabler) 2016.

Frey, Dieter und Lisa Schmalzried: Philosophie der Führung. Gute Führung lernen von Kant, Aristoteles, Popper & Co. Berlin (Springer) 2013.

Fuchs, Johann, Doris Söhnlein und Brigitte Weber: Projektion des Erwerbspotentials bis 2060. Arbeitskräfteangebot sinkt auch bei hoher Zuwanderung. IAB-Kurzbericht (6): 7-8, 2017.

Gabler Wirtschaftslexikon: http://wirtschaftslexikon.gabler.de/Definition/human-resource-management.html?extGraphKwId=85229. Zugriff am: 25.3.2017

GALLUP (Hrsg.): Pressemitteilung vom 22. März 2017. Gallup Engagement Index 2016: Schlechte Chefs kosten deutsche Volkswirtschaft bis zu 105 Milliarden Euro jährlich. pdf-Datei: http://www.gallup.de/183104/engagement-index-deutsch-land.aspx. Zugriff: 6.6.2017.

Gasche, Ralf: So geht Führung. 7 Gesetze, die Sie im Führungsalltag wirklich weiterbringen. Berlin (Springer Gabler) 2016.

Haller, Sabine: Dienstleistungsmanagement. Grundlagen - Konzepte - Instrumente. Wiesbaden (Springer Gabler) 2015.

Hasselhorn, Hans-Martin, Bernd Hans Müller und Peter Tackenberg et. al (Hrsg.): Berufsausstieg bei Pflegepersonal. Arbeitsbedingungen und beabsichtigter Berufsausstieg bei Pflegepersonal in Deutschland und Europa. Dortmund (Wirtschaftsverlag NW) 2005. pdf-Datei der Bundesanstalt für Arbeitsschutz und Arbeitsmedizin: https://www.baua.de/DE/Angebote/Publikationen/Schriftenreihe/Uebersetzungen/Ue15.pdf?__blob=publicationFile&v=8. Zugriff: 5.5.2017.

Helmrich, Robert, Gerd Zika und Michael Kalinowski et al.: Engpässe auf dem Arbeitsmarkt: Geändertes Bildungs- und Erwerbsverhalten mildert Fachkräftemangel. Neue Ergebnisse der BIBB-IAB-Qualifikations- und Berufsfeldprojektionen bis zum Jahr 2030. BIBB REPORT (18): 1-10, 2012.

Hoffmann, Tobias M.: Motivation im Führungskontext von Sozialunternehmen. Wiesbaden (Springer Gabler) 2016.

Holtbrügge, Dirk: Personalmanagement. Berlin (Springer Gabler) 2015.

Huf, Stefan: Ursachen der Fluktuation verstehen, Mitarbeiterbindung optimieren. Pfadmodell und Theorie der Einbettung erweitern das Verständnis. Personalführung (3): 30, 2012.

Jost, Peter J.: Organisation und Motivation. Eine ökonomisch-psychologische Einführung. Wiesbaden (Springer) 2010.

Kaehler, Boris: Komplementäre Führung. Ein praxiserprobtes Modell der Personalführung in Organisationen. Wiesbaden (Springer Gabler) 2017.

Kauffeld, Simone: Arbeits-, Organisations- und Personalpsychologie für Bachelor. Berlin (Springer) 2014.

Kerber, Harald und Arnold Schmieder (Hrsg.): Handbuch Soziologie. Zur Theorie und Praxis sozialer Beziehungen. Reinbek (Rowohlt) 1984.

Klauber, Jürgen, Max Geraedts und Jörg Friedrich et al. (Hrsg.): Krankenhausreport 2015. Schwerpunkt: Strukturwandel. Stuttgart (Schattauer) 2015.

Klaus, Hans und Hans J. Schneider (Hrsg.): Personalperspektiven. Human Resource Management und Führung im ständigen Wandel. Berlin (Springer Gabler) 2016.

Kolb, Meinulf, Brigitte Burkart und Frank Zundel: Personalmanagement. Grundlagen und Praxis des Human Resources Managements. Wiesbaden (Gabler) 2010.

Korte, Hermann und Bernhard Schäfers (Hrsg.): Einführung in die Hauptbegriffe der Soziologie. Wiesbaden (Springer VS) 2016.

Kühl, Stefan: Organisationen. Eine sehr kurze Einführung. Wiesbaden (VS Verlag) 2011.

Lindner-Lohmann, Doris, Florian Lohmann und Uwe Schirmer: Personalmanagement. Berlin (Springer Gabler) 2016.

Loffing, Dina und Christian Loffing: Mitarbeiterbindung ist lernbar. Praxiswissen für Führungskräfte in Gesundheitsfachberufen. Berlin (Springer) 2010.

Lohmer, Matthias, Bernd Sprenger und Jochen von Wahlert: Gesundes Führen. Life-Balance versus Burnout im Unternehmen. Stuttgart (Schattauer) 2012.

Luhmann, Niklas: Soziologische Aufklärung 3. Soziales System, Gesellschaft, Organisation. Wiesbaden (VS Verlag) 2009.

Mahlmann, Regina: Führungsstile gezielt einsetzen. Mitarbeiterorientiert, situativ und authentisch führen. Weinheim (Beltz) 2011.

Mangelsdorf, Martina: Von Babyboomer bis Generation Z. Der richtige Umgang mit unterschiedlichen Generationen im Unternehmen. Offenbach (GABAL) 2015.

Meifert, Matthias T.: Mitarbeiterbindung. Eine empirische Analyse betrieblicher Weiterbildner in deutschen Großunternehmen. München (Hampp) 2005.

Naegler, Heinz: Personalmanagement im Krankenhaus. Berlin (MWV) 2014.

Nerdinger, Friedmann W., Gerhard Blickle und Niclas Schaper: Arbeits- und Organisationspsychologie. Berlin (Springer) 2014.

Neubauer, Walter und Bernhard Rosemann: Führung, Macht und Vertrauen in Organisationen. Stuttgart (Kohlhammer) 2006.

Niermeyer, Rainer: Motivation. Instrumente zur Führung und Verführung. Freiburg (Haufe) 2007.

Offermmanns, Guido: Prozess- und Ressourcensteuerung im Gesundheitssystem. Neue Instrumente zur Steigerung der Effektivität und Effizienz in der Versorgung. Berlin (Springer Gabler) 2011.

Peters, Theo: Leadership. Traditionelle und moderne Konzepte. Mit vielen Beispielen. Wiesbaden (Springer Gabler) 2015.

Richter, Götz, Silke Bode und Birgit Köper: Demographischer Wandel in der Arbeitswelt. Dortmund (Eigenverlag) 2012. pdf-Datei der BAuA: http://www.baua.de/de/Publikationen/Fokus/artikel30.html. Zugriff am: 26.3.2017.

Rimbach, Astrid: Entwicklung und Realisierung eines integrierten betrieblichen Gesundheitsmanagements in Krankenhäusern. Betriebliches Gesundheitsmanagement als Herausforderung für die Organisationsentwicklung. München (Hampp) 2013.

Rowold, Jens und Kai C. Bormann: Innovationsförderndes Human Resource Management. Grundlagen, Modelle und Praxis. Berlin (Springer Gabler) 2015.

Rowold, Jens: Human Resource Management. Berlin (Springer Gabler) 2015.

Salfeld, Rainer, Steffen Hehner und Reinhard Wichels: Modernes Krankenhausmanagement. Konzepte und Lösungen. Berlin (Springer) 2009.

Schmidt, Burkhard: Transformationale und transaktionale Führung als erfolgreicher Führungsstil für Leistung und Gesundheit? Eine kritische Überprüfung des „Full Range of Leadership"-Konzeptes für das betriebliche Gesundheitsmanagement. Dortmund, Technische Universität, Fakultät Theologie und Humanwissenschaften, Dissertation, 2011. pdf-Datei: https://eldorado.tu-dortmund.de/bitstream/2003/29392/1/Dissertation.pdf. Zugriff am: 13.6.2017.

Schmidt, Christian, Jens Bauer und Kristina Schmidt et al. (Hrsg.): Betriebliches Gesundheitsmanagement im Krankenhaus. Strukturen, Prozesse und das Arbeiten im Team gesundheitsfördernd gestalten. Berlin (MWV) 2013.

Scholz, Christian: Personalmanagement. Informationsorientierte und verhaltens-theoretische Grundlagen. München (Vahlen) 2014.

Schreyögg, Georg und Daniel Geiger: Organisation. Grundlagen moderner Organisationsgestaltung. Mit Fallstudien. Wiesbaden (Springer Gabler) 2016.

Schreyögg, Georg: Grundlagen der Organisation. Basiswissen für Studium und Praxis. Wiesbaden (Springer Gabler) 2016.

Schulenburg, Nils: Führung einer neuen Generation. Wie die Generation Y führen und geführt werden sollte. Wiesbaden (Springer Gabler) 2016.

Senge, Peter M.: Die fünfte Disziplin. Kunst und Praxis der lernenden Organisation. Stuttgart (Schäffer-Poeschel) 2011.

Simon, Michael, Peter Tackenberg und Hans-Martin Hasselhorn et al.: Auswertung der ersten Befragung der NEXT-Studie in Deutschland. Wuppertal (Eigenverlag) 2005. pdf-Datei: http://www.next.uni-wuppertal.de/index.php?artikel-und-berichte-1. Zugriff am: 28.6.2017.

Simon, Michael: Beschäftigte und Beschäftigungsstrukturen in Pflegeberufen. Eine Analyse der Jahre 1999 bis 2009. Studie für den Deutschen Pflegerat. Hannover (Eigenverlag) 2012. pdf Datei: http://www.hs-hannover.de/fileadmin/media/doc/pp/Simon__2012__Studie_zur_Beschaeftigung_in_Pflegeberufen.pdf. Zugriff am: 26.6.2017.

Simon, Michael: Unterbesetzung und Personalmehrbedarf im Pflegedienst der allgemeinen Krankenhäuser. Eine Schätzung auf Grundlage verfügbarer Daten. Hannover (Eigenverlag) 2015. pdf-Datei: http://www.deutscher-pflegerat.de/ Fachinformationen/Simon-2015-Unterbesetzung-und-Personalmehrbe-darf-im-Pflegedienst-2.pdf. Zugriff am: 27.6.2017.

Springer Fachmedien Wiesbaden (Hrsg.): Kompakt-Lexikon. HR. 650 Begriffe nachschlagen, verstehen, anwenden. Wiesbaden (Springer Gabler) 2013.

statista: https://de.statista.com/statistik/daten/studie/155167/umfrage/entwicklung-der-bevoelkerung-von-sachsen-seit-1961/. Zugriff am: 26.3.2017.

Statistisches Bundesamt (Hrsg.): Gesundheit. Grunddaten Krankenhaus. Fachserie 12 Reihe 6.1.1. Wiesbaden (Eigenverlag) 2015. pdf-Datei: https://www.destatis.de/ DE/Publikationen/Thematisch/Gesundheit/Krankenhaeuser/GrunddatenKrankenhaeuser 2120611157004.pdf?__blob=publicationFile. Zugriff am: 26.4.2017.

Statistisches Bundesamt (Hrsg.): Pressemitteilung vom 28. April 2015 - 153/15. Neue Bevölkerungsvorausberechnung für Deutschland bis 2060. pdf-Datei von DESTATIS: https://www.destatis.de/DE/PresseService/Presse/Pressekonferenzen /2015/bevoelkerung/pm_bevoelk2060_PDF.pdf;jsessionid=A148EFB9EBE7BB424C6F 74E60C82FC71.cae4?__blob=publicationFile. Zugriff am: 27.3.2016.

von der Oelsnitz, Dietrich und Jürgen Weibler (Hrsg.): Führung, Macht und Vertrauen in Organisationen. Stuttgart (Kohlhammer) 2006.

von der Oelsnitz, Dietrich und Jürgen Weibler (Hrsg.): Führungsethik in Organisationen. Stuttgart (Kohlhammer) 2012.

von Rosenstiel, Lutz, Erika Regnet und Michel E. Domsch (Hrsg.): Führung von Mitarbeitern. Handbuch für erfolgreiches Personalmanagement. Stuttgart (Schäffer-Poeschel) 2014.

Weber, Max: Grundriss der Sozialökonomik. III. Abteilung. Wirtschaft und Gesellschaft. Tübingen (Eigenverlag) 1922. pdf-Datei: http://www.unilibrary.com/ ebooks/Weber,%20Max%20-%20Wirtschaft%20und%20Gesellschaft.pdf. Zugriff am: 21.4.2017.

Weibler, Jürgen: Personalführung. München (Vahlen) 2016.

Welk, Svenja: Die Bedeutung von Führung für die Bindung von Mitarbeitern. Ein Vergleich unterschiedlicher Führungsstile im Kontext der Generation Y. Wiesbaden (Springer Gabler) 2015.

Werkmann-Karcher, Birgit und Jack Rietiker (Hrsg.): Angewandte Psychologie für das Human Resource Management. Konzepte und Instrumente für ein wirkungsvolles Personalmanagement. Berlin (Springer) 2010.

Wöhe, Günter und Ulrich Döring: Einführung in die Allgemeine Betriebswirtschaftslehre. München (Vahlen) 2013.

Wunderer, Rolf: Führung und Zusammenarbeit. Eine unternehmerische Führungslehre. Neuwied (Luchterhand) 2011.

Zaugg, Robert J.: Nachhaltiges Personalmanagement. Eine neue Perspektive und empirische Exploration des Human Resource Management. Wiesbaden (Gabler) 2009